保险合伙人

寿险高效增员实战手册

陈楠 徐舟◎著

INSURANCE
PARTNER

当代世界出版社
THE CONTEMPORARY WORLD PRESS

图书在版编目(CIP)数据

保险合伙人：寿险高效增员实战手册 / 陈楠，徐舟著 . —北京：当代世界出版社，2018.8（2021.5 重印）
ISBN 978-7-5090-1405-9

Ⅰ . ①保… Ⅱ . ①陈… ②徐… Ⅲ . ①人寿保险—保险公司—人力资源管理—中国—手册 Ⅳ . ① F842.62-62

中国版本图书馆 CIP 数据核字（2018）第 151483 号

书　　名：	保险合伙人：寿险高效增员实战手册
出版发行：	当代世界出版社
地　　址：	北京市东城区地安门东大街 70-9 号
网　　址：	http://www.worldpress.org.cn
责任编辑：	李俊萍
编务电话：	（010）83907528
发行电话：	（010）83908410（传真） 13601274970 18611107149 13521909533
经　　销：	全国新华书店
印　　刷：	文畅阁印刷有限公司
开　　本：	710 毫米 × 1000 毫米　1/16
印　　张：	13
字　　数：	210 千字
版　　次：	2018 年 9 月第 1 版
印　　次：	2021 年 5 月第 4 次
书　　号：	ISBN 978-7-5090-1405-9
定　　价：	45.00 元

如发现印装质量问题，请与承印厂联系调换。
版权所有，翻印必究，未经许可，不得转载！

推荐序（一）

2017年，中国GDP突破80万亿，成为全球第二大经济体。改革开放四十多年来，中国经济取得了突飞猛进的成果。伴随着中国经济的腾飞，只有20多年发展历程的中国保险业取得丰硕成果——业务取得爆炸式发展，从业人员已超800万人。

尽管近年来发展迅猛，但中国保险业仍有巨大的发展空间。中国保险业的保险深度及保险密度远低于世界平均水平，与发达国家相比仍有较大差距。营销队伍管理较为粗放，组织发展普遍存在大增大减、人均产能低和人均收入低等现象。

保险行业未来的发展令人关注，是继续粗放式发展，还是借鉴海外经验走出一条良性、可持续发展的专业经营道路，是当前及往后组织发展最重要的课题。走上专业化经营之路，已成为众多保险公司及团队的迫切需求。

所谓专业，就是在销售、增员、人才培养等方面要有恰当的步骤和流程，否则销售、增员、人才培养本身就是问题。

中国保险行业已经进入高速发展的时代，未来的三到五年还会呈现井喷的状态，客户群体在逐年扩大，客户受教育程度不断提高，客户对保险的认知越来越趋于专业化，客户对保险顾问的要求也越来越高。那么作为保险行业的团队长，面对这如海潮般汹涌的市场，我们该如何应对呢？我们的团队该如何发展？我们以前的组织发展模式是否还跟得上时代的脚步？

伴随着一连串的问题，以我从事保险一线工作十多年的经历来看，很多保险团队长的应对方式不外乎以下几种：

顽固不化派。纵使外面千变万化，我依然按照我十年如一日的方法在做。这种团队一定会越走越小，最后被时代的车轮碾轧，成为过眼烟云。

后知后觉派。这种团队长的思维意识，永远都比别人慢半拍，凡事都"等靠要"，等看到别人好了、成功了，他再去行动，再去做，但是时机有限，机会不等人，很可能就此错过最好的团队发展阶段。

唯我独尊派。这种团队长仗着自己多年的经验，把自己的经验想当然地随便组合起来，不成体系，不标准化，没有流程化。如此"一锅粥"似的经验纵使传承下去，团队成员做起来也是不成体系，乱七八糟，结果还是一塌糊涂。

专家是什么？

专家就是专业的人做专业的事，记得之前有位前辈对我说："同样是过河，如果河面上有一座桥，只需要付一点过桥费就可以用最短的时间到达彼岸，为什么还要浪费时间颤颤巍巍、胆战心惊地摸着石头过河呢？"

所以不管你是哪一种保险团队长，如果你想你的团队快速地、成体系地健康发展，顺利渡过这条汹涌澎湃的保险大河，那么你就需要找到一套系统的团队组建方法和工具，而本书就是那座"桥梁"。

本书的作者陈楠老师、徐舟老师是我多年的老朋友，也一直奋战在中国保险行业的一线，他们在全国各地的保险培训中积累了丰富的教学经验，收获了大批粉丝，欣闻他们二人强强联合，将自身的保险经验结合中国当下的保险市场、各家保险公司的特点，整合出一套系统、完善的保险团队组织发展的书籍，我为自己能有幸第一时间阅读此书的第一手稿感到由衷地高兴。

我在阅读完此书后，不得不承认这是一本既有料又有用的保险增员应用书籍。具体表现在有实战案例、有科学测评、有实用工具，语言也通俗易懂，应该是目前市面上针对保险专业人士如何做好组织发展，打造自己的寿险帝国方面比较全面、比较系统的一本书。在这本书中，大到行业的发展趋势、未来的寿险团队组建方向和模型，小到具体针对某一类人的增员工具、话术、增员活动策划，都一一囊括，相信读者看后一定会有收获。

中国平安人寿保险集团广东分公司　刘智彪

2018年6月1日于广州

推荐序（二）

随着生活水平的提高，人们对于生活品质的追求也越来越高，对家庭风险管理更加重视。党的十八大以来，国家陆续出台各项政策法规，推动保险行业的发展：将保险知识植入中小学生读本，让孩子从小提高对保险的认知；将每年 7 月 8 日定为"保险公众宣传日"，提高保险行业的影响力；在央视等各大权威媒体黄金时段发布公益广告"保险，让生活更美好"，普及寿险的意义与功能；2017 年中央经济工作会议提出明确要求，行业必须回归保障，"保险姓保"；2018 年监管重拳出台 134 号及 136 号文件，分别对保险的产品类型及宣传方式进行了明文细致的规定，严厉杜绝销售误导、引导客户。

党的十九大报告指出："中国特色社会主义进入新时代，我国社会主要矛盾已经转化为人民日益增长的美好生活需要和不平衡不充分的发展之间的矛盾。……人民美好生活需要日益广泛，不仅对物质文化生活提出了更高要求，而且在民主、法治、公平、正义、安全、环境等方面的要求日益增长。"其中的"安全"，不单指生命本身的安全，更重要的是安全感。人们的安全感主要来源于对人生的自信和对未来的期待，安全感包括不担心意外突发时的家庭困境、疾病来临时的财务损失、子女教育时的入不敷出、长命百岁时的老无所养。保险真正的功能就是解决意外、疾病、教育、养老等人生必然存在的风险，是用保险合同来约定投保客户与保险公司之间的权责利，用保费的缴纳将人生风险转移给保险公司。

保险行业发展初期，多数保险公司为扩张市场规模、提高市场占有率，跑马圈地，实行"人海战术"，未设准入门槛，经营模式相对粗放，导致从业人员批量涌入。有部分保险公司战略不甚清晰、职涯规划不太明确、寿功意义不做重点、培训辅导不够到位，只靠更迭洗牌，给保险业造成了负面影响，问题日渐凸显，因此产生了大量的招聘及脱落。但也正因行业的迅猛发展，使保险走进了人们的生活，越来越被重视，由此沉淀了一批素质较高的从业人员。

目前，随着国家的支持引导日益增强、行业的监管自律愈加严格、保险公司的长远战略日趋明确、民众对保险的认知更加深刻，保险业已经进入了良性发展的轨道，优秀的主业公司脱颖而出，背负起利国利民的社会责任，立足稳健长远的发展。优秀的从业人员不再轻易离职和跳槽，而是对职业生涯设定了明确规划，立志利用保险行业独特的代理身份、基本的职涯规划、公平的收入机制、无险的成本投入、合力的发展特点，借助行业大势、专业诚信，做大做强，成为保险企业家。

保险企业家要具备社会责任感和长远发展的意识，因此不能为增员而增员，要为从业人员的素质负责，使从业人员能够对职业生涯负责，将招聘对象定位为合伙人，有针对性地引进优秀的人才，从而实现真正意义上的长远发展和良性复制，让自己成为备受尊敬的保险企业家，成就自己，奉献社会。

本书将保险从业者定位为保险企业家，从宏观形势分析到微观工作指导，鼓励从业者放大格局，招募保险合伙人，打造企业化、专业化、职业化的保险团队。本书从增员选才、流程运作、人群分析、方法、话术等多方面进行了详尽细致的阐述，非常适合有志成为保险企业家的代理人阅读参考。

国家高级理财规划师（一级）

泰康人寿个险组织发展部总经理

王晓妍

PREFACE
推荐序（三）

最近几年寿险销售队伍迅猛发展，从业人员从 300 多万增长到 800 万仅仅用了两三年的时间，这种速度简直令人咂舌。销售人员对晋升充满了热情，如果你不在增员、晋升之列就是跟不上时代潮流。晋升没有最快，只有更快。

仔细看看，其中还是存在一些问题，就是会增员的人多了，会做业务的人少了。大家都希望通过晋升更快地提高收入，销售反倒成了副业。新人自己还没成交过几张保单，就增员成了师傅，于是"师徒一家新"。最终的结果是很多新人没什么收入，主管也没挣到钱，一片红红火火的背后是迷茫的成长之路。

随着两次"国十条"的出台，保险业迎来了最好的发展机遇。队伍要不要发展？当然要发展，关键是怎么发展。你增进来的人在你心目中是什么角色？是你晋升的阶梯还是未来事业的伙伴？如果只想着自己晋升，不管新人的死活，结果一定是呼啦啦上来一大批，再呼啦啦地掉下去，事业无法长久，还招来社会上一片骂声。所以，我们去物色一个新人，一定要考量他是否适合这个行业，要把这个行业的优势、这家公司的优势讲解清楚。保险行业强劲的发展势头是毋庸置疑的，发展前景好、客户量大、门槛低、政府支持，这样的行业在目前的市场上是少之又少，这些已经足够吸引有志之士。

我们只有做出充分说明，才能让新人做出理性的判断和选择。进来一个新人就要好好辅导，扶上马，送一程。心中有爱，肩上有责，要尽最大的努力让新人达成期望，先抱有成人之心，之后才是达己之愿。

团队发展有两个方面很重要：

一是诚信，这是团队生存最基本的文化。销售、增员都要诚信，事业才能做得大、做得稳。根深才能树大，这个根必须是诚信之根。这个原则虽然简单，但是仍有很多人无视它。

二是匹配，增员要与留存相匹配，能力要与意愿相匹配，规模要与思想相匹配。行业的发展是有规律的，蔑视规律就会吃苦头。社会在变革，行业必然迎来变革。要踏实苦干，更要前瞻未来，前方有路，就看你怎么走。

在行业发展的关键时刻，陈楠老师推出了自己的增员新作，陈楠老师有着丰富的从业经验，堪称行业"女模范"，工作拼命，关注细节，善于总结归纳，常在别人忽略的方面有惊人的发现，在多次合作中给了我们非常多的帮助和支持。陈老师在新作中对发展形势做了预判，对人群有详细的性格分析和增募规划，对几大高成功概率的人群有具体的增募策略，仔细阅读、运用本书，必有大的收获和改变。

一场变革正扑面而来，对一本书的学习，不光是要研读，更要去实践。对市场的变化要有敏锐的嗅觉，灵活地、创新地组合运用这些方法，才能有更好的效果。感谢陈楠老师、徐舟老师对行业做出的贡献，也祝愿朋友们学有所获，事业有成。

太平洋人寿北京分公司　白云坤

很高兴我们能够通过这一本书相遇，相信当您打开这本书的时候，已经准备踏上寿险企业家之路了。

随着我国保险市场开放程度的加大，保险行业已经正式进入"钻石十年"，未来的保险市场将迎来高价值保单、高品质团队、高素质人才爆发式的增长。可以说，保险行业的发展面临着一个前所未有的契机，作为保险公司的从业人员，我们必须以企业家的精神不断精进自己的专业能力，发展自己的寿险队伍，来适应这个历史的洪流。

让更多的保险行业从业者快速发展队伍，是我们撰写这本书的初衷。

在过去的两年里，我们培训、辅导了近万的寿险精英，也成就了若干千人团队长，在这个过程中，我们不断总结经验、梳理团队增募以及发展的规律，以帮助大家构建出寿险队伍发展的基本理论框架，以此来推动保险队伍大规模的发展与成长！

未来十年，将成为保险行业规范化管理、系统化经营的关键十年，我们会欣喜地发现一些优秀的队伍快速发展起来。当然，我们也会发现一些跟不上时代步伐的人将被寿险行业淘汰，因为寿险行业正向越来越规范、越来越专业的方向前进，"人海战术"并不会带来持续增长，"精英战略"会成为下一个增长的核心要素。

本书要构建的"保险合伙人"计划，是建立在优质增员基础之上的大规模的队伍增量，因为只有有了优质的队伍基础，未来的发展才会越来越好！

如何找到合适的人？如何构建一个持续带来高素质增员的系统？针对不同性

格、不同职业的优秀准增员，如何面谈和进行策略式增员？这是本书要跟大家一起探讨的话题。我们希望以这本书为媒介，与更多行业内的精英交流探讨，一起构筑保险行业的美好未来。

在此，感谢一直以来关注并支持我们的各公司优秀内外勤管理者们，也感谢在我们撰写本书过程中，为我们提供案例、把我们所策划的活动落地并产生良好效果的践行者。未来，我们希望能够收到更多读者、更多寿险企业家的反馈，期待本书能够助您在寿险的事业征程中砥砺前行，开疆拓土！

陈楠　徐舟
2018 年 5 月

目录

第一章 把握保险行业趋势,打造寿险精英团队

第一节　保险行业迎来钻石十年　　002
第二节　团队爆发式增长的三大特点　　008
第三节　快速构建团队组织架构的合伙人模式　　013

第二章 深谙保险合伙人增募流程,巧获准增员好感

第一节　保险合伙人计划介绍　　018
第二节　保险合伙人增募的基本标准　　023
第三节　保险合伙人增募的基本流程　　031
第四节　构建系统化合伙人增募模型　　044

第三章 选对人，说对话，性格识人秘籍

第一节	追本溯源：懂人性，才能带团队	054
第二节	谈"性"识人：认识"江湖"上各种性格的人	056
第三节	因人而异：个性化的增员面谈技巧	058
第四节	D型人的增员话术与工具	062
第五节	I型人的增员话术与工具	066
第六节	S型人的增员话术与工具	069
第七节	C型人的增员话术与工具	073

第四章 熟悉增员渠道及策略，打通十大人群增募渠道

第一节	优秀合伙人选才方向与十大核心人物	080
第二节	90后增募策略与工具	082
第三节	全职太太增募策略与工具	089
第四节	在职宝妈增募策略与工具	096
第五节	小企业主增募策略与工具	103
第六节	个体工商户增募策略与工具	110
第七节	职场"白骨精"增募策略与工具	117
第八节	离退休公务员增募策略与工具	124
第九节	销售人员增募策略与工具	130
第十节	法务工作者增募策略与工具	137
第十一节	在职财务人群增募策略与工具	143

目录

第五章 合伙人留存体系：留住心＋留住人

第一节　合伙人留存的两大关键要素	152
第二节　合伙人辅导的十六个关键时刻	155
第三节　合伙人的晨夕会经营	169
第四节　合伙人的晨夕会管理	177
第五节　构建合伙人育成生产线	180

附录一：营业组早会操作范例	187
附录二：营业组活动量记录表	189
附录三：营业组二次早会检查记录表	190
附录四：部门晨夕会经营管理表	191

第一章

把握保险行业趋势，打造寿险精英团队

第一节
保险行业迎来钻石十年

中国经济新常态下的国内产业结构调整,推动了新一轮的财富结构转型,多元化财富结构导致更多的客户更关注自己的财富升级方式,并且不断地优化自己的财富管理模式。在这场经济环境变革的浪潮中,金融业的三驾马车——银行、证券、保险,基于各自的行业特征也发生着不同的变化。

近几年来,银行业发展逐渐趋于稳定,行业监管和市场竞争导致部分银行盈利情况不如预期,证券行业一如既往地随着经济环境的变化发生不同等级的阵痛,唯独保险行业整体呈现持续上涨趋势(如图1-1)。

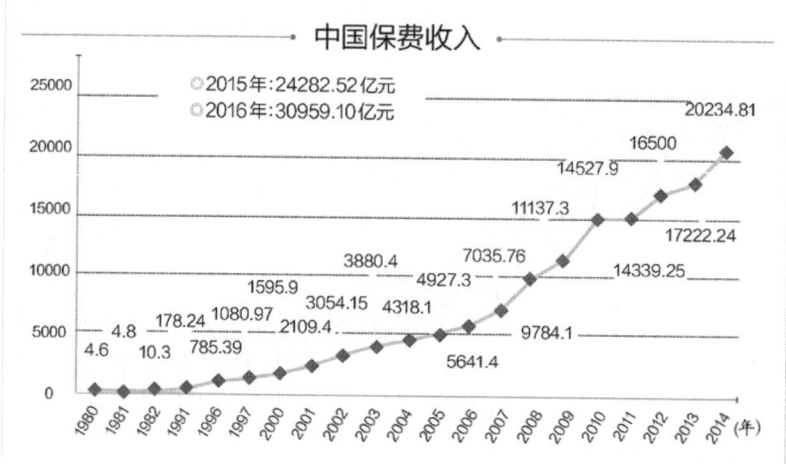

图1-1 保费收入呈现持续上涨趋势

基于以上数据和对金融环境的诊断分析,我们不难发现中国保险行业正进入"钻石十年"。

中国是世界人口第一大国，GDP第二大国，从这一角度来看，中国的保险业超过银行、证券指日可待。

保险行业的第一个十年被业内人士称为"黄金十年"，"黄金十年"的保险行业处于行业发展的初级阶段，虽然前景良好，但是市场认同度不高，客户对保险行业和保险产品的认知处于初级阶段，类似"保险公司都是骗人的"这样的错误认知和拒绝随处可见。客户对保险产品的采购也仅停留在"买过"的阶段，市场的产品采购率较低，导致行业的发展只能基于"人海战术"的圈地运动来实现规模的快速增长。

同时，由于国内各大保险公司都处于初级阶段，在产品研发与创新、队伍建设与管理、文化塑造与传播等方面没有充足的经验，加之当时国内所面临的市场环境，并不具备塑造专业化队伍的客观条件，这就导致各家保险公司对从业人员的培养和队伍的管理采取的都是"自生自灭"式的团队管理模式。而能够在保险业的"黄金十年"中沉淀下来的第一批老兵，正可谓是摸着石头过河的斗士。

经过第一批保险老兵的市场拓展和近几年国家对于商业保险的大力宣传，保险行业的市场认可度大幅提升，市场需求进入井喷式成长期，客户的购买行为从原本的"买过"变成了要"买够"。客户对保险行业从业人员的看法也发生了很大程度的转变，从原来的不信任转化为对保险从业人员专业素质的要求。所以，近几年来，保险行业从业人员的整体素质得到很大提升，很多海归派大学生、中外企业的管理者，甚至私营企业主纷纷投身保险事业，一些业内人士对于行业的这种高速发展都觉得出乎意料。我们把这个阶段的保险行业发展称为保险行业的"钻石十年"。

进入钻石十年的保险行业具有以下几个明显的特征（如图1-2）。

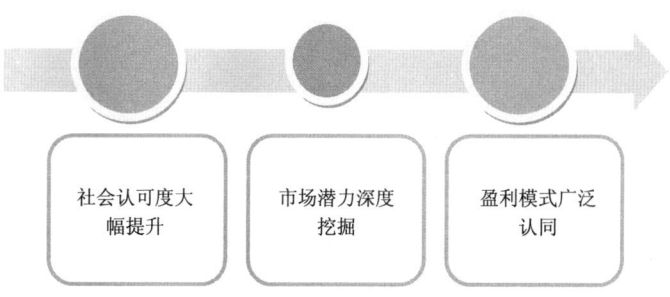

图1-2 钻石十年的保险行业具有三个明显特征

社会认可度大幅提升

在保险行业的黄金十年里，让我们引以为傲的一件事，就是保险被写入中小学课本里，由此可见我们国家普及保险的决心和力度有多大。到目前为止，第一批被普及保险价值的学生已经大学毕业，而随着我国国民素质的整体提升，全民保险意识自然有了很大程度上的加强。

另外，国家对商业保险的重视也不容小觑。近几年，监管部门开始制作保险宣传片，如在2016年举办的里约奥运会上，中国男排在奥运赛场穿的衣服上就印有保险的广告语（如图1-3）。

图1-3 中国男排身着"保险，让生活更美好"战袍出战2016年里约奥运会

队员身上印着的"保险，让生活更美好"八个字，在直播的时候全世界都看到了，由此来看，商业保险已上升到国家高度，成为保障民生的重要国策。

> 任何一个行业，当得到国家乃至全社会的认同时，必然是这个行业快速发展的钻石时代！

市场潜力深度挖掘

随着保险行业全民认可度的大幅提升，保险产品从原本不被认同转型为普世产品，国民的商业保险采购行为更是从刚开始的"买了"，转变为"买全"，再转变为"买够"。目前，购买商业保险已经成为我国普通居民的必选项。同时，随着中国新一代崛起的中产阶级，购买保险成了该类人群的身份价值认知和基本诉求。目前，无论从市场深度还是市场密度而言，保险行业可挖掘的市场空间都是非常巨大的。可以说，这么大的市场潜力，就如同一块巨大的蛋糕，就看谁有能力分割（如图1-4）。

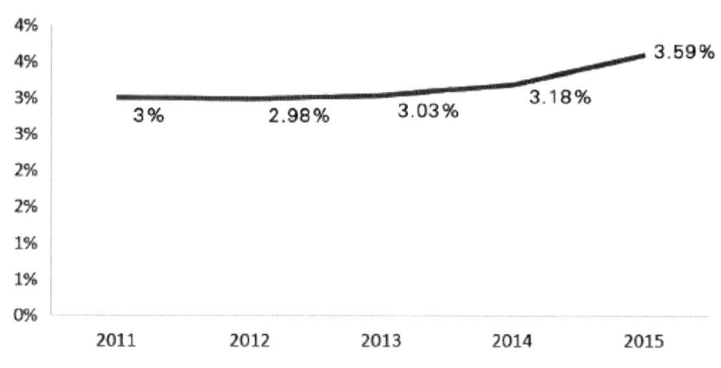

图1-4 中国历年保险深度

💎 盈利模式广泛认同

随着大众创业、万众创新时代的到来，我国正式进入全民创业时代。人们靠着自己的辛苦努力和奋斗，让自己和家人获取了幸福的生活。

在这样一个历史时期，保险行业的代理人制度被更多的创客认同。

现在，创业的方式有很多：个人创业、组织创业、网络创业、兼职创业，甚至还有通过出售个人点子的模式进行创业，但是每一种创业模式都不免需要创业者承担一定的风险，投入一定量的财力、精力和物力。而保险行业的代理人机制，从某种意义上讲符合大公司、大平台的内部团队创业模式，因为代理人盈利模式的特殊性能够让参与其中的创业者选择性投入自己的时间、精力，基本不需要投入任何财力和物力。相对比之下，保险行业的盈利模式属于风险小、成长性强的风口型行业内部创业。更多的高素质人员在读懂了保险行业的盈利模式后，看到了市场发展的广阔前景，纷纷投身保险行业。

产品价值逐步凸显

2015年7月,泰康人寿的客户李先生的家人联系泰康人寿,说李先生经医院检查确诊罹患急性淋巴细胞性白血病。泰康人寿高度重视,立即组建专案小组,启动重大疾病提前给付及理赔服务。专案小组马上到医院进行慰问探视,告知理赔申请的相关流程等事项,看到客户昏迷、其妻子怀孕,其父母年纪已大,泰康人寿安排经验丰富的理赔人员提供了贴心理赔服务,并多方了解白血病治疗方案和就医途径,给予家属就诊方面的指导,同时协助客户家属搜集理赔相关资料,并完成了500万元保险理赔。

在高额重大疾病理赔案件面前,保险公司做的不只是为客户提供专业化的理赔服务,更可贵的是,为客户提供额外的增值性、人性化的服务。

商业保险作为社保的重点补充,给社会带来的福利及创造的价值是不容小觑的。所以,对于老百姓来说,保险不是奢侈品,而是生活的必需品。保险绝不是可有可无的东西,而是真真切切的一份保障,需要大家未雨绸缪,提前规划。

在过往几年发生的社会重大事故和自然灾害中,各大保险公司分摊社会风险的能力凸显了出来,为全社会带来的巨大经济价值被广泛认可。各家保险公司的分红型产品已经正式进入给付期,客户在这个过程中获得了很高的收益。保险产品由于其独特的保障性功能和规划属性,已经为越来越多的家庭解了燃眉之急,很多购买过保险并且已经进入收益阶段的客户,对保险产品的需求也越来越大。未来市场的大额保单必将批量产生,单一客户的保险重复购买行为也会越来越多。

 激烈的市场竞争

在多元化的市场环境中,保险产品已成为金融产品的一个重要种类,我们不仅要跟其他各类金融产品竞争,还要跟国内外各大保险公司竞争。这样的竞争环境是市场逐渐成熟的重要表现,保险市场正式从"卖方市场"转化为"买方市场",市场角逐的已经不仅仅是产品本身,更是专业化、职业化营销服务队伍的激烈竞争。

2015年8月，保险营销员资格考试正式取消。保险代理人数量，由2014年的325万人，到2015年的471万人，到2016年的657万人，再到2017年上半年的745万人，也就是说，在2015年保险营销员资格考试取消后，保险营销员增加了274万人。据统计，保险营销员未来人数将超1000万。

保险代理人的人数激增，一方面说明保险业正在飞速发展，很多人看好这个行业；另外一方面也将对这个行业带来一定的冲击，是机遇也是挑战，代理人都准备好了吗？

小米创始人雷军曾说："站在风口上，连猪都能飞。"金融行业的下一个风口一定是保险，各家银行纷纷开设自己的保险公司也是一个很好的例证。

那么，当这场暴风雨要刮起来的时候，我们要思考：自己是不是已经准备好了？

第二节
团队爆发式增长的三大特点

基于市场环境的变化以及行业的快速发展,我们发现能够促进团队快速发展的已经不再是个体增员的方法,而是依托于组织增员的寿险企业经营模式。只有真正拥有企业家思维的团队长,才明白经营模式的重要性。

寿险企业组织发展模式是由清晰的组织架构、明确的增员选才标准、多元化的准增员渠道、标准的增员面谈流程,以及新人的辅导与育成等一系列重要环节组成的。企业家需要拥有明确的企业发展愿景和规划、清晰的寿险组织发展模型,并不断完善每个模块,最终形成一套系统流程,让组织发展形成一条流水线。

爆发式团队发展是近几年寿险队伍发展的主旋律,总结近几年我们辅导的快速发展的队伍,主要有以下三个特点(如图1-5)。

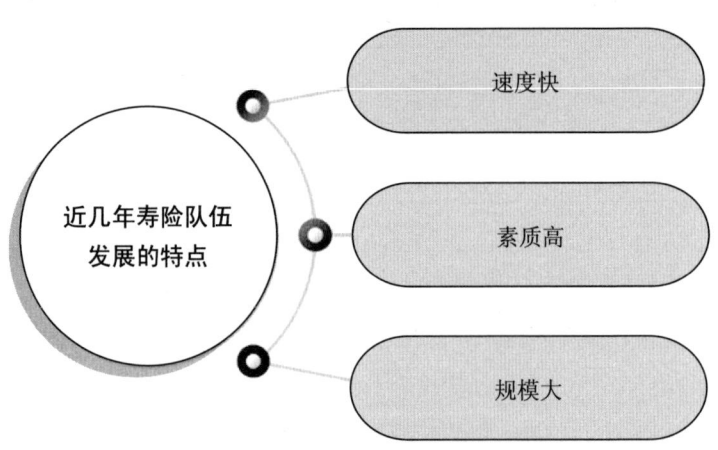

图1-5 近几年寿险队伍发展的特点

第一章 把握保险行业趋势，打造寿险精英团队

基于这三大特点，我们来分析一下在中国经济新常态下寿险团队应该如何乘势而上、快速突围。

 寿险队伍的成长速度快

保险行业以前的团队发展速度就是小马拉车，辅导新人转正需要三个月，育成一个主管、经理，需要一年甚至更长的时间，很多经理被育成之后，貌似就看到了天花板，无法快速成长。而近五年，在很多优秀的团队里，新人转正只需要一个月，育成一个主管只需要三个月，两年晋升到总监的人比比皆是。

深究其因由，一方面是市场环境的变化为大团队的快速发展构筑了良好的外部环境。在黄金十年中整个行业处于初级发展阶段，市场环境不佳，新人的留存需要强大的心理素质，新人留存不佳，必然导致团队增速缓慢。而"钻石十年"的市场环境良好，让新人能够得到快速成长和发展，社会认可度高，也让更多观望者进入到这个行业中，新人留存率高，也增强了主管的信心，更快速的增员迭代促进了团队再次成长。

另一方面是团队快速发展路径被探明，为很多新锐精英团队长厘清了发展之路，并且树立了发展大团队的信心。在行业发展初期，没有成功的案例为我们指明快速发展的道路，所有人都是在探索的过程中独自前行。但是近几年，很多团队长基于有效的规划，能够在两到三年的时间里快速突破千人团队。这也给了很多新锐团队长更大的信心，团队爆发式成长的模式也逐渐被固化下来。

在如此快速发展的时代，卓越的寿险企业家要建立基本的信念，要相信团队发展的速度，并且能够掌控团队发展的节奏。记得在我们的增员课堂上，一个学员给自己制定月度直增100人的目标，周围的伙伴都不敢相信，看他犹如看疯子般，甚至他的主管都在打压他。我们告诉他的主管，如果这个学员能基于这个目标一个月增员上岗50人，你说他是不是一个赢家呢？主管明白了拥有梦想的力量是多么重要，开始支持这个新人。团队长帮助新人到他曾经就读的大学召开了两场300人的择业说明会，当月增员上岗99人。所以说，信念是每个团队快速发展的基石，团队长的梦想决定了团队成员的梦想。

保险行业从业人员的素质越来越高

一方面,有很多高素质人群通过购买保险开始接触保险行业,并在看到保险行业的发展趋势以及盈利模式后,主动加盟到保险行业中来。尤其是新型的保险公司,有非常多的优秀白领、私营企业主、90后"富二代"的加盟。这些高素质的从业人员为我们的团队注入了新鲜的血液,带来了不一样的格局和团队定位,这对老牌寿险队伍也是不小的压力和动力。

另外,从寿险行业的发展趋势来看,中国的保险市场已经正式从"卖方市场"转化为"买方市场"。中产阶级的崛起带来了极大的市场需求。传统的以产品推销为核心的经营模式正在被服务营销模式替代,中高端客户对服务和体验的需求越来越高。为中高端客户提供服务,需要保险行业的从业人员具备较高的服务能力和营销策划能力。专业化、职业化的队伍将成为"钻石十年"寿险队伍发展的主要方向。

作为寿险企业家,在钻石十年中,我们需要投入更多的精力在模式的打造上,只有拥有足够卓越的经营模式,才能吸引更多优秀的人才加盟,才能留得住更多的团队合伙人。老队伍不敢增员高端人才、不愿意增员高端人才的思维误区必须被打破。团队长的格局决定了团队的发展。

 保险行业的团队规模越来越大

近几年团队发展的规模非常大,千人团队层出不穷,万人总监也批量产生。这种规模的成长是保险市场环境带来的福利,也是市场对这个行业认可的最佳例证。在黄金十年,增员难、留存难的主要原因是市场认可度不够,保险产品销售的难度比较大。而在钻石十年,全国人民对于保险的认可度大幅提升,保险产品的销售无论是保单件数还是保费规模都出现了大幅度提升。这样的市场环境,必然会成就更多的千人团队乃至万人团队,保险行业规模化成长时代正式来临。

作为老牌寿险企业家,必须突破思维局限,打破一切不可能的思维误区,走出小步慢跑的成长速度。从十人团队到百人团队的成长历程,需要团队长完成从个体工商户到私营企业主的思维模式转换。十人的团队长必须事必躬亲,如果不

第一章　把握保险行业趋势，打造寿险精英团队

能很好地实现人员数量的突破和团队制度化管理，就会被限制在十人团队的规模无法自拔。团队长只有构建了私营企业主的经营管理思维，能够运用功能组、管理制度来进行团队的经营，团队才有希望快速突破百人。从百人团队到千人团队的成长，是私营企业主走向企业家的转变，团队长的核心关注点，要从原本的团队育成，转化为模式的传承和平台的搭建。只有能够育成一批又一批的千人团队，才是组织发展的王道。

在钻石十年，我们把千人团队长亲切地称呼为寿险企业家，成为真正的企业家要从内在突破开始，让自己具备企业家精神，才能带领出千人团队乃至万人团队。我们将寿险企业家精神简单总结如下（如图1-6）。

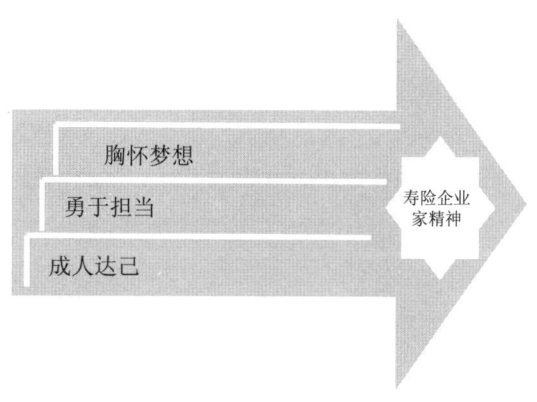

图1-6　寿险企业家精神

（1）胸怀梦想

未来的商业规则，一定是有梦想的人带领没有梦想的人，有大梦想的人带领有小梦想的人发展。还记得行业中一位卓越企业家曾经说过这样一句话："当我的主管已经没有梦想的时候，我们的发展也就停止了。"寿险行业是一个发展永无止境的行业，在这里我们能够成就很多的奇迹，你的梦想决定了你的发展。

（2）勇于担当

未来的商业定律是系统制胜，企业家要勇于担当，构建更优质的系统，才能带动更多的人成功。黄金十年的团队发展很多是自生自灭的成长模式，在团队发展过程中，没有一套行之有效的成长模型和系统，这对新人成长和留存都不利。而在市场趋于成熟的钻石十年，每个寿险企业都需要一套成熟的系统作为支撑，

企业家的担当是要通过系统运营，确保团队中每个成员都能够更好地实现个人梦想。

（3）成人达己

未来的团队发展必须是个人成就带动团队成就，才能实现更大的成就。寿险行业的发展规则就是成人达己，未来的竞争将变成团队的竞争，所以，作为寿险企业家，我们的价值体现在能够帮助多少人成长起来。

第三节
快速构建团队组织架构的合伙人模式

> 在钻石十年,保险行业的组织发展模式需要改变原本的"人海战术",专注于高精尖队伍的打造和培养,未来寿险行业发展的必然趋势就是高素质团队的批量增长。那么,传统意义上的增员模式和团队发展模式必然无法满足高素质人才的需求,保险行业将进入合伙人模式。简而言之,你需要招募的不是员工,而是团队发展的合伙人。

当然,很多团队长会说我们一直就是在招募合伙人,但是请你根据以下几个维度对自己的增募计划做一个基本评估,来评估一下你到底是在进行人海战术式的增员,还是在制定行之有效的合伙人计划。

◆ 有目标、有计划的增员 VS 方案推动式增员

作为寿险企业家,团队的可持续发展是我们成功的核心要素,在组织发展过程中,有目标、有计划的增员才能夯实团队的基石。寿险企业家需要清楚团队需要多少人、什么样的人、什么时候这些人要到岗,然后依托于组织的发展计划进行人员的招募和管理,而不能仅依靠公司方案来增员,有方案的时候就增员,没方案的时候就不增员——要知道增员是自己的事情,不是别人的事情。

一次,我们去某公司上课的时候,有一位学员说:"老师,我这个月的增员目标是 6 个人。"

我们觉得非常奇怪,因为这个数字不符合基本法晋升的标准,刚开始我们还

欣喜于这位学员能够制定一个高于基本法晋升标准的目标，但是这位学员的第二句话，却把我们打入了无底深渊，她说："因为公司的方案是1+6给奖励，多增员也没用。"

可想而知，这样的增员几乎都是停留在方案导向的基础上，这些管理者根本不理解增员的根本意义，更不清楚要增多少、要增什么样的人，最终导致增员效果严重扭曲。

近几年出现的出勤率严重下滑、新人留存率低都是扭曲的增员目标导致的。甚至有学员说："老师，我增员的时候，主要就是跟我的朋友说，公司有方案，我这边缺人，公司又不要求出勤，你就当帮帮我好了。"然后期待可以通过公司的氛围、内勤老师的力量和主管的力量把"忽悠"来的人留下。这样的方式不但不能留住准增员，而且会让团队越来越虚弱。

◆ 坚守明确的增员标准 VS 可以随时打破标准

当我们有了明确的增员标准时，我们是否能够坚持按标准增员？还是标准只是制定在那里，却没人真的遵守？相信这是每个团队在发展过程中都会面临的两难抉择。我们希望团队整体素质有所提升，就设定了一定的增员标准，但是当组员带来一个不是特别符合标准的新人时，我们就动摇了，想着有一个总比没有强。然后这个新人就顺理成章地进入了我们的团队，这一个新人的进入就等于我们打破了基本规则，放弃了标准。从此以后，我们的团队依然是什么人都可以进来。而对于高素质的新人而言，我们团队的氛围是不是符合他们的期待？这种不能坚守管理原则的方式是否会影响他们对团队的预期呢？

◆ 新人有明确的工作标准 VS 保姆式增员和管理

新人在进入团队以后是否有明确的工作标准，对于一个卓越的团队而言也是非常重要的考核标准。传统意义上的团队发展就是遇到问题解决问题，类似于摸着石头过河。新人遇到问题不清楚用何种途径解决，主管不清楚应该如何辅导新人，最后大家选择简单粗暴的解决办法，即新人只要约到客户，主管就来陪访和协助促成,结果就是主管成了最大的营销员。团队对主管的依赖程度越来越高,最终导致新人什么都没有学会,主管疲于奔命,并得出一个员工不好管的结论。

我们的一个学生曾经说:"老师,我有六个团队成员,我平均每个月要出七张保单。"相信看了这句话,很多主管都会会心一笑。这种保姆式发展会把团队限制在一个极小的模式下无法突破,只能祈祷上天派来一个自带技能光环的新人拯救困境。但我们不难想象,当团队已经养成这样的习惯的时候,突破会多么艰难。

高素质人才希望进入一个有明确工作标准的绩优团队,作为寿险企业家,要明确每个新人的工作标准是什么,并且辅导新人根据标准化工作流程完成日常工作,例如新人应该每周拜访多少位准客户、应该如何制订销售计划、应该在不同的阶段完成什么内容的学习等等。在新人入司的时候就彼此明确工作流程和标准,再进行系统追踪与辅导,当新人遇到困难和问题时,能够准确判断问题的来源并给出正确的辅导。事实上,主管复制自己的能力给新人,远远强过只是协助促成。

制定清晰的晋升计划 VS 自生自灭式成长

在绝大多数情况下,作为老牌团队的管理者,我们在招募新人的过程中,往往并没有真的给对方量身制定适合其发展的晋升计划,而只是粗略地告知对方"听我的,没错"。我们喜欢运用的策略往往是让对方先到公司入职,然后根据对方的实际情况,再推动其慢慢发展。在这样的成长环境下,有部分幸运儿得到了晋升和发展,也必然会有一部分人员因为没有良好的规划而丧失了机会。如果我们仅仅是增募普通员工,这种略带模糊的成长模式也可以维持团队的正常发展,只是留存率会相对较低,但是如果我们希望增募的是团队未来的合伙人,是我们的高素质员工,这种自生自灭式的成长路径就无法吸引准增员。

我们在增员面谈的环节中,有一个新人承诺性面谈非常重要,在这样的面谈过程中,最关键的环节就是协助新人设定明确的晋升计划。在这个过程中,寿险企业家不但要能够准确判断新人的成长诉求,并且结合新人的真实情况给出合理建议,还需要给出一个明确的发展计划,让新人相信,按照主管的要求和计划成长,一定可以到达成功的彼岸。而在大部分实操过程中,主管们反馈最难的部分往往就是这个晋升计划的制订部分。

你的团队属于哪种增员模式呢？寿险队伍合伙人增募模式能够为我们带来的是优质的准增员和团队可持续发展的原动力。作为寿险企业家，我们要先了解"钻石时代"的合伙人计划与传统时代的增员本质上的区别，然后结合合伙人计划的理念，逐步完善本部门的增募规范和目标计划。相信当我们的团队发展规划越来越清晰，合伙人标准越来越明确，新人上岗标准工作流程以及晋升发展规划的可操作性越来越强时，优秀的准增员自然会主动上门找到您！

学习心得

你目前的增员模式是什么？准备如何改进？

第二章

深谙保险合伙人增募流程，巧获准增员好感

第一节
保险合伙人计划介绍

> 保险合伙人计划是我们团队基于多年的从业经验,以及最近几年在全国范围内带领众多团队长批量打造优秀寿险团队的项目经验,对传统的增员模式进行迭代,深度优化选、增、留三个模块,最终形成的一种高效的组织发展模式。从名字不难看出,保险合伙人计划是基于合伙人制度和理念而形成的一种系统的增员模式,它更符合保险公司成长的基本原理,适合于各家保险公司的基本法,让保险团队的建设真正回归到行业规律本身。只有真正理解合伙人制度和合伙人意义的人,才能系统地搭建和打造一支在未来寿险市场上所向披靡的队伍,并形成自己的核心竞争力。

什么是合伙人?你是在寻找员工还是在寻找合伙人?这两者的区别非常大,如果我们在寻找员工,只需要找能够短期成交的新人,给我们带来一定的管理津贴就可以,至于这个人未来能不能留下、他未来的发展如何,大部分管理者都不是很关注,或者更准确地说,是不知道如何帮助新人在行业内更好更快地发展。

于是就出现了行业的"低效增员怪圈":准增员来到公司后只关注自己赚到多少钱,很少有长期的规划,大家都觉得保险行业是一个可以不用每天上班,又能够快速赚到人生第一桶金的跳板,个别新人无法在短期内实现自己的目标,或者在工作过程中遇到困难,就会选择放弃。因为对于新人而言,这不过是一份工作而已,并不是自己的事业,毕竟工作和事业之间的区别是很大的。于是人才留存出了问题,团队管理出了问题,我们进入一轮恶性循环,团队成员会觉得增员难,增员留存更难,增员就变成了一项非常难以推动的工作,组织发展面临着停滞的局面。

这一切的根源在于我们对于组织发展的基本认知和对于增员的起心动念。作为寿险企业家，如果我们跟别人谈工资，谈来到保险公司可以不用按时上班，只能招募到普通员工而已；如果我们跟别人谈理想、谈发展，就会招募到合适的合伙人。当然，未来团队快速发展的原动力一定是我们的"合伙人"，而不是普通员工。我想这是所有企业家都能够达成的共识。那么作为希望在行业内长足发展的寿险企业家，我们就要具有一个清晰的合伙人计划，而不是为了增员而增员。要制定一个完善的合伙人计划，我们需要思考三个非常重要也非常关键的哲学问题（如图 2-1）。

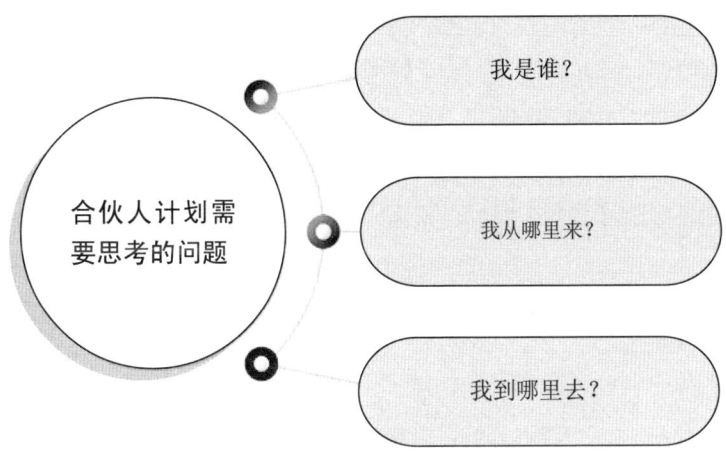

图 2-1　合伙人计划需要思考的问题

我是谁？

作为寿险企业家，我们要能够给我们的企业一个明确的组织定义，我们是一个什么样的队伍，就能够吸引什么样的人加入。这个组织定义不仅仅是给我们的团队起一个响亮的名字，更是我们价值观的体现，它代表了我们的商业模式，也更大维度地传播了我们的经营理念。做生意的人会谨慎选择合伙人，因为如果人选错了，无论你的模式多么好，生意依然无法做好。做保险就是在经营一项生意，而在保险公司队伍的规模扩大的过程中，往往更注重量，却忽视了质，随着队伍规模逐渐壮大,带来的隐患也越来越大。

关于新公司合伙人的选择问题,一个朋友这样说:"今年很多人找我,让我入股他们的企业,甚至有些公司承诺给我干股,但是我依然没有动心。首先,我不确定我真的有实力和能力完成这么多公司的合伙人工作;其次,我在选择一个我认为更靠谱的合伙人,而不仅仅是商业模式。这个世界上,商业模式太多了,但是靠谱的合伙人真的不好找,靠谱的合伙人就是跟我们的价值观和经营理念一致的人。"

合伙人选对了,会让我们的事业少走很多弯路,合伙人选错了,我们就会落入万劫不复的状态。很多寿险队伍之所以到一个阶段就进入了瓶颈期,就是因为在合伙人的选择和招募过程中无章可循,甚至到了只要能干保险就来者不拒的地步。羊儿要吃草,狼儿要吃羊,不一样的团队文化塑造出不一样的队伍成长模式。未来保险队伍的发展速度和发展规模都将是极其可观的,大鱼吃小鱼的年代即将到来,您带领的是一支狼性团队还是羊性团队?这不仅决定了队伍的整体发展方向,更决定了我们将找到怎样的合伙人。

◆ 我从哪里来?

作为寿险企业家,我们必须构建一个清晰的组织成长模型,能够了解自己的团队是通过何种形式构建起来的,就像盖房子,我们就是这个房子的设计师。团队需要什么样的人?这些人从哪里可以找到?人家为什么跟我们一起干保险?这些都是在我们构建高楼大厦之前就要思考明白的问题。不然,就又会出现前几年的"四M"现象(如图2-2)。

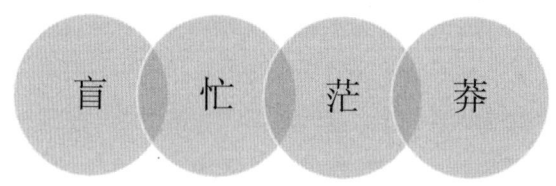

图2-2 "四M"现象

盲,是指我们刚开始增员的过程很"盲目",没有清晰的合伙人特质素描,导致大家盲目地追求数量,不重质量。

忙，是指当新人批量入职后，因为在新人辅导和新人养成的阶段要耗费大量的时间，于是主管变得非常"忙"。

茫，是指我们经过一段时间的沉淀和积累，发现新人最终还是留不住，于是作为主管就容易变得"茫然"。

莽，是指我们没有清晰的数据分析以及客观的团队评价，最终导致只能"莽撞"地做出"保险不好干"的判断以及决定。由此可见，清晰的团队成员素描以及合伙人定位是非常必要的。

我到哪里去？

这是让寿险企业家有明确的五年、十年甚至更长远的发展规划。在这个快速发展的时代，我们不仅要定义团队当下的价值观，更要能够定义未来。

合伙人在市场上其实是有很多选择的，但是所有人都希望选择一个有发展的团队一起成长。记得我有一次新增员一位优秀的私营企业主，洽谈过程中能够明显感受到这位企业家非常认同保险，但是他同时问了一个问题："你们公司接下来的规划是什么样子的？我应该在这个规划中处于什么样的位置？"这对于很多寿险企业家来说都是一个难以回答的问题，因为我们在增员的过程中往往很少会真的去为对方、为自己做如此详细的规划。而越是优秀的合伙人，在选择一家合伙公司的时候会越严谨，这份严谨不仅是对自己负责，更是对这个团队负责。可以想象，如果我们和我们的合伙人在价值理念上是相同的，无论未来遇到怎样的坎坷，大家都会一如既往地走下去，这将会是一件多么幸福的事情啊！

综上所述，保险合伙人计划严格遵循寿险团队快速发展的核心特质，秉承选对人、做对事的行为准则，以终为始的团队布局观，为寿险企业家打通了一扇高精尖寿险队伍成长之路。保险合伙人应该是具有相同价值观的一群人，一个团队的可持续成长，得益于团队成员具备共同的价值观，那么这个价值观是如何形成的呢？

（1）我们在增募选才的过程中，通过精准的准增员素描可以进行第一轮筛选；

（2）在我们增募面谈的过程中，正确引导要实现的共同愿景；

（3）在日常的经营和管理辅导中逐步完善，逐渐趋同。

保险合伙人计划不是简单的增员行动，而是未来团队长发展的整体战略规划，团队合伙人必须与团队文化相融合，并且能够助力团队未来的发展。我们如果倡导的是企业家精神和企业家文化，就应该把增募重心放在中小企业主和个体工商户的身上。我们如果倡导的是服务文化，就应该优先考虑宝妈和专业人士。我们如果倡导的是个性化的价值体系和团队差异化的价值诉求，就应该多多增募90后。只有招募到对的人，才能有更好、更快、更完善的发展。

第二节
保险合伙人增募的基本标准

要招募到合适的团队合伙人,必须拥有明确的增募标准。纵观各个老牌寿险队伍,我们不难发现,大部分队伍虽然有一个书面的人才增募标准,但是并没有根植在业务团队心中,最终导致人才的招募没有明确的标准和流程。有些伙伴甚至会告诉我,要增员就要增自己看着顺眼的人,这样的标准真的无法推而广之,更无法形成真正的寿险企业,因为任何一个企业的发展都是需要基本标准的。

那么,在合伙人招募的过程中,增募标准都包括哪些内容?为什么是这样的内容?在团队执行中我们会遇到怎样的困难?如何有效规避呢?其实通过三个标准就可以实现团队增员系统化工程的基础建设(如图2-3)。

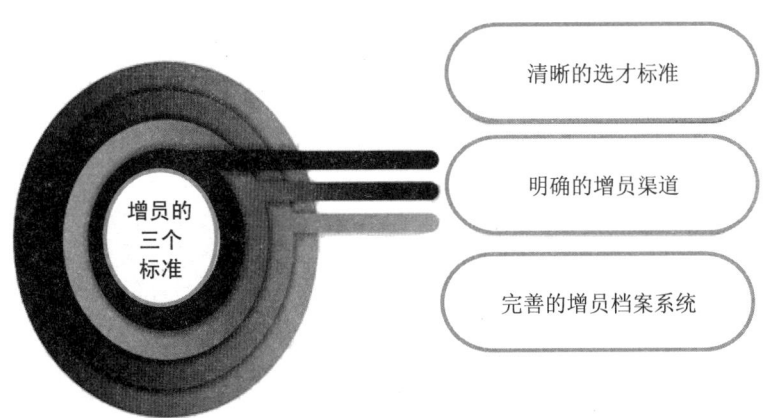

图2-3 实现团队增员系统化工程的三个标准

选才标准

增员选才在整个增员系统中的重要性不言而喻，选对人才能做对事，如果人都选择错误，何谈做对事呢？任何一个组织的成长和发展，最终都将变成人才的竞争。那么现阶段，人才的选择标准是什么呢？

（1）基本标准如下：

① 年龄在25~45岁之间；

② 大专以上学历（部分地区是高中以上）；

③ 为人随和，亲和力强。

（2）绩优标准：

① 有事业心、企图心；

② 有销售经验；

③ 有较强的学习能力；

④ 女性、有孩子的为佳。

以上标准是结合我从事保险行业多年的经营经验，综合行业内留存率和转正率，得出的增员基本标准。当然，每个公司由于发展的模式不同或者公司的要求不同，会有细微差异，但是在原则上应该是趋于一致的。而在实际操作过程中，团队长往往会置标准于不顾。公司增员方案压力巨大，谁还会去维护标准呢？于是，出现了一次标准被打破，就一定会有第二次，周而复始，标准就成了一个口号，成了一个摆设。当然在这个过程中，最核心的问题是很多主管并不清楚为什么要设定这个标准。甚至还有一个非常可笑的主管在上课时问："老师，您说公司要求出勤是不是特别影响我们增员？"很明显，这个人不适合做主管，只适合做普通业务员。

作为寿险企业家，我们必须清晰地了解为什么会是这样的标准、按照标准的模式去增员能够为团队带来什么，这样才能够真正做到有效执行。

例如，年龄问题。年龄25~45岁是一个相对稳定的年龄，是人生财富积累和快速成长的阶段。这个年龄段的人才稳定性强，企图心强，对新事物接受的速度快。这些都是非常有助于团队发展的。所以，如果我们的准增员年龄不符合这个区间，严格意义上不建议团队录取。年龄过小的准增员缺乏稳定性，耗费主管的精力较多，如果不能在增员面谈过程中达成很好的发展计划，后续会给整个团队带来麻烦。年龄过大的准增员，虽然稳定性较高、客户资源较好，但是往往企图心和发展意愿不强。所以，当主管遇到年龄不符合标准的人员，要提前做好面谈准备和规划，最好团队具有统一性。

关于学历的要求，简单来说，这个社会更看重的是能力，而非学历。学历对应的更多是人的思维模式和思维能力，从社会发展的角度来讲，学历越高的人，越容易从多维的角度进行思考，学习也容易举一反三。所以，我们的准增员学历越高越好，而且未来我们构建精英队伍，也一定是成功吸引成功。比如我们在同一时间段上课的两个团队，分别是80%的海归派团队和100%的低学历团队（甚至还有不认识字的），可想而知，这两个团队的产能一定有着天壤之别。

以上两个是硬性考核指标，也是我们在团队增募过程中非常重视的指标。如果我们的准增员不符合我们的标准，就不要用业绩来考核他，而要用行为来考核他。拿我来说，如果是年纪较轻的准增员，我一般会跟他约定一定要全勤、按时参加培训、第一个月一定要转正、要当小组长和班长。这样的约定一般可以帮助年纪较小的准增员更好地建立从业习惯，对他年龄的不足是一个很好的互补。并且也让他明白来保险公司不是混日子，一定要做好自己的工作。

其他的都是一些软性考核指标，主要根据主管个人的判断来确定。在增员过程中，如果碰到不符合团队增募标准的准增员，大家最好有明确的规范和限定，比如只能是最大的团队长面试合格才可以，或者是新人必须遵循入司后每天出勤、每月两个保单，否则就会被强行开除。这样的方式会更有助于留存以及团队标准的建立。

◆ 选才渠道标准

选对人更要做对事。团队合伙人从哪里来非常关键，传统意义上的选才渠道包括人才市场、互联网招聘、报纸招聘、缘故和转介绍等等，而新型的招聘渠道还包括了客户增员、社群增员、影响力增员等。不同的渠道，增员方式不同，能够增到的人员素质也不同。作为寿险企业家，我们应该掌握每个渠道的增员方法，为团队构建适合不同人群的增员渠道。一旦我们把增员的渠道开通，就如同构建了一个真正的管道，合适的人才就能够源源不断地引入到我们的团队中。那么，每个渠道的经营方式和特点又是什么呢？

（1）人才市场

人才市场作为一种最传统的增员渠道，是非常实用的。因为大部分到人才市场寻找工作的人都是有工作意愿的，我们只需要有效地展示公司的实力以及说明未来的工作情况即可增员成功。但是人才市场的选择非常重要，每个城市都有不同的人才市场，有些人才市场主要是招聘短期工人的地方，来这里寻找工作的人自然不是特别优质的准增员；有些人才市场主要是一些毕业生或者待跳槽的白领，这样的人才市场是我们的首选。选定了人才市场，我们还要订购一个招聘的展位，因为在人才市场招聘，各家公司比拼的就是公司实力，如果我们连一个好一点的展位都没有，怎么让准增员相信我们公司的实力呢？在展位上，最好可以摆放上介绍公司的宣传彩页。如果有一台电脑可以循环播放公司的宣传片、你的团队宣传片，那样可以起到意想不到的效果。同时，有些人到人才市场不一定会带很多份简历，我们需要准备一些给准增员填写的个人信息登记表，这样看起来会非常正规。

（2）互联网招聘

自从互联网介入我们的生活，就影响到我们日常生活的方方面面，在互联网上找工作自然也成了一种常见的模式。各种招聘网站层出不穷，也越来越趋于专业化，不同的人群到不同的网站上发自己的工作简历，希望能够找到收入更高、更合适的工作岗位。那么如何利用互联网招聘呢？首先要寻找合适的网站，不要轻信网站上推送的人才信息，一般虚假的居多。可以自己办理一个网站的会员，然后搜索自己心仪的准增员。另外信息的下载要具有及时性，不能下载陈旧的信息。例如一般白领会选择在工作不如意的时候更新自己的简历，这时候如果你及时联系上并能够面谈，成功的概率就会大很多。互联网增员无异于大海捞针，量变才能产生质变，所以如果你选择互联网增员渠道，我的建议是每天的增员约访电话不能低于30个，日积月累，才会有好的效果。

（3）报纸招聘

由于互联网时代的到来，纸媒体的被关注度日渐下降，所以这种招聘方式我们不做主要推荐。但是如果您一定要选择，不妨尝试一下用"被采访"的模式登报，这样做往往比在夹缝中登一则招聘启事要更吸引人。

(4) 缘故增员

这是一直以来被延续的非常优质的增员方式，首先我们跟缘故客户的关系更加紧密，也更容易判断缘故客户的能力如何；其次缘故客户对我们的信任度也比较高。以前都是一个人做生意，兄弟姐妹来帮忙，做保险其实也是做生意，也可以让家里比较优秀的兄弟姐妹来帮忙。在寿险行业已经有许多兄弟姐妹一起做，而且有做得非常好的案例，比如四川的文菊田一家人、北京的邢丽杰姐妹等等。

在增员缘故客户的时候，我们最好已经具有一定的实力和能力，不要给人家一种来帮你忙的感觉，这样会让我们未来的团队发展受限。因为准增员觉得我来是为了帮你，在未来团队人数越来越多的时候，由于你跟这个缘故增员的关系过于亲近，很多管理制度落实不下去，反而会起到坏的影响。

当我们发展比较好的时候，家里的亲戚朋友也会看到我们的成长，并因此介绍亲戚家的孩子或者亲属来我们团队。对于这些缘故增员，我们更要严格管理，要让他们成为团队的榜样。

(5) 转介绍增员

这是一个非常不错的增员方式，转介绍的准增员可以源源不断，运用好转介绍增员方法的一个关键环节就是，我们要敢于向客户寻求转介绍的名单。向客户寻求转介绍名单的时候，客户往往不会第一次就欣然接受，客户也要考验我们在这个行业能否干得长久，是否真心帮助他的朋友寻求更好的发展。毕竟介绍别人来做保险不同于介绍别人买保险，是决定被增员人前途的事情。

我们要选择一些优质且对我们认可度高的客户，以团队发展和个人成长为名义寻求转介绍。另外也不要寄希望于第一次寻求就能够得到结果，你要清楚地告知对方自己需要的人的标准和条件，还有你未来会成就一个怎样的团队，他介绍给你的人未来会成为团队的核心人才等。先给推荐人一个粗略的准增员素描，然后在下一次见面时再询问是否留意到相关人才，给推荐人一个信念，就是你在行业内做得很好，并且会持续做下去，他只需要持续为你留意合适人才即可。当然，如果推荐人已经帮你成功推荐了一名人才，你也要向推荐人表达感谢，并汇报准增员的情况，这样才可以在推荐人这里获得源源不断的准增员名单。

（6）客户增员

这是近两年被看好的一种增员渠道，因为客户在我们这边购买保险说明：第一，客户认同保险行业，理念容易沟通；第二，客户认同我们公司，对我们公司具有一定的了解，介绍起来更容易；第三，客户认同保险理念，具有一定的家庭责任感，是优质准增员；第四，客户认同你，客户在购买保险的前后与代理人接触，会对代理人产生一定的信任度，比较好沟通。基于以上几个关键认同点，实际上只需要我们清晰地沟通好公司的发展以及未来的人生规划，就能够实现精准有效的增员。一般在客户增员的过程中，我们会优选宝妈，那些之前在我们这里给孩子购买保险的宝妈客户，一旦孩子上了幼儿园或者小学，就可以作为我们的准增员目标，增员成功率较高。我们也可以重点留意一些高素质的白领客户，关注他们的工作异动，及时发出邀请。

（7）社群增员

这是基于互联网时代社群化营销模式的一种增员模式，主要是指我们可以进入某一种社群，基于相同的社群属性，可以更好地获得准增员的信任，进而实现我们的增员目标。社群增员的要点是我们要选准一类社群，最好是跟自己有同爱好、同职业或者同乡的社群，不要急于在社群中进行增员，而应该优先融入社群，最好可以在社群中发挥自己的优势，为社群成员服务以便于成为大家信赖的人。然后在社群中发现合适的准增员对象，再进行一对一的沟通。

（8）影响力增员

这种增员模式可以算是开通一个管道的有效模式，找到一个影响力中心等于为自己打开了一个增员渠道，影响力中心会源源不断地给我们介绍合适的人才。例如，一个90后学生就是把一个大企业的HR作为自己的影响力中心，这个HR人脉资源广泛，每个月收到的应聘简历就有几千份之多，但是由于很多人员企业无法录用，就成为这个学生做转介绍的来源。一般我们建议选择有爱心、有人脉、对我们信任的客户为影响力中心。我们要告知影响力中心我们的发展规划，树立品牌形象和个人信任度，让影响力中心相信帮助我们成长是有必要的，这时候"贩卖梦想"至关重要。如果我们找到合适的影响力中心，并且从对方那里获得了准增员名单，接下来我们要做的就是时刻汇报跟进情况，让影响力中心知道我们的确在努力工作，他介绍给我们的人才也发挥了很好的价值，这会再次催生影响力中心的动力。

以上的八个增员渠道需要主管持之以恒的经营和管理，不要在寻求新途径中白白浪费了时间和精力，要知道，每一次的深入经营都是一次经验的积累，刚开始打通一个渠道总是要花费一定的精力和时间，但是随着时间的积累，寿险企业家完全可以在自己的营业部里形成一套完整且行之有效的渠道开拓方案。也恰恰是在某一种渠道的深耕细作，能够让我们储备更加丰富的判断力和决断力，对于日后团队做大做强起到关键性作用。

人才档案库标准

团队招募的人才名单源源不断是每个团队持续发展的基础，作为寿险企业家，必须用有效的方法确保我们的人才增募可以源源不断，甚至形成循环流动的效能。要实现这个目标，我们就必须确保不能流失任何一个高价值的人才。构建企业人才档案库就是帮助我们实现人才内循环流程的关键模式。在我们之前的团队发展过程中，构建了四类人才档案库（如图2-4），以确保我们的增员人才能够有效地滚动起来。

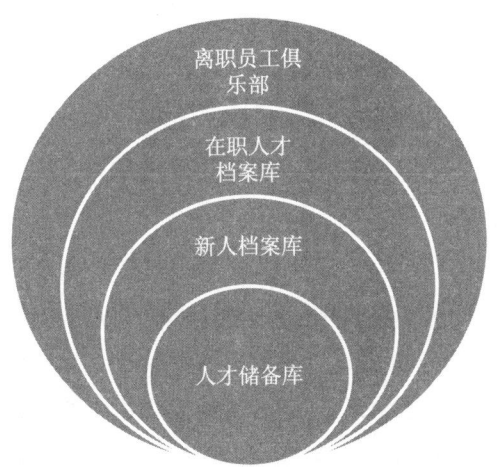

图2-4 构建四类人才档案库

（1）人才储备库

主要是记录已经联系过，但是增员不成功的人员，要对其基本信息有所了解，也要记录其没有从事保险行业的原因。对于该类人才，我们要保持每季度和每半年的有效回访。因为不是每个人找工作都是一帆风顺的，很可能找到的新工作也不是非常满意，可以通过参与我们定期组织的增员活动来提升对保险、对团队的认知，逐渐培养准增员的意识，创造增员的机会。

（2）新人档案库

主要是记录入司六个月新人的资料，了解新人之前的职业特点，选择保险行业的原因，有过的困惑以及入司后的培训情况、收入情况。这个档案一方面作为新人辅导的依据，另外一方面也可以用在我们增员的流程中，也可以作为增员工具来应用。例如我们遇到一个新的宝妈准增员，正在犹豫自己是否能够胜任这份工作，我们就可以拿出六个月内入职并做得比较不错的数据和个人档案给准增员参考，这样的成功率要远远高于我们的口头说服。

（3）在职人才档案库

主要记录的是在职的主管和绩优高手的资料，重点在于该类人员的入职前后对比、业绩成长拐点、晋升时间、所获荣誉以及个人的吉尼斯纪录等。这个档案库是主管最好用的增员工具，当准增员来到职场，最有效和最有价值的介绍就是告诉他们有一个曾经跟他们同一个职业或者相同经历的人，在我们公司发展得非常好。

（4）离职员工俱乐部

主要记录的是优秀的离职员工的资料，我们要建立一个离职员工沟通和交流的平台。离职不代表离心，一些特别优秀的人员可能由于一些特殊原因不得不短时间内离开我们的团队，但是这些优秀的人才有着极大的价值和成长空间。我们不妨每隔一段时间，与他们进行一次交流，无论是帮助对方解决一些工作或者生活中的问题，还是单纯地交流一下感情，都是非常不错的选择。当然我们也可以创造机会，让这些优秀的离职员工带他们的朋友来跟我们深入交流。

构建企业的人才档案库对于每个寿险企业都很有必要，因为只有将人才滚动起来，才不至于流失优质增员，也有助于为团队建立起一个健康的人才循环系统，更有助于日常的经营与管理。

第三节
保险合伙人增募的基本流程

> 身为团队主管,对保险合伙人既要"选对人",又要"做对事",这就需要我们将面谈的流程和增募流程进行优化,打造出一个可以复制的增募流程,这样才能激励团队中每一个火种都参与到增员活动中来,快速实现团队的裂变和发展。

很多团队的增员之所以停滞不前,就是因为只有部分人参与增员,团队主管感觉增员难以推动,只能依靠公司的各种活动方案进行拉动。但事实上,我们走访了很多团队,发现并不是因为大家没有意愿,绝大部分情况是新人没有方法。新人转正后,想要去谈几个准增员,但是自己本身的业务能力还很薄弱,行业前景的介绍、保险的意义与功用、公司的介绍、未来发展的规划等方面还讲不清楚。这时候不是每个主管都有充足的时间作陪访,甚至有时候由于错误地选择了拜访对象、拜访地点和面谈流程,导致了增员失败。双方都觉得这是对方的问题,最后增员这件事情就被搁置了。

基于这样的问题,我们发现其实每个团队都需要一个标准化的增员面谈流程,运用这样的流程,我们可以清晰地了解每个岗位的人要面谈到什么程度、如何进行工具的应用、每一次面谈的目标和面谈流程应该是怎样的。其实在增员面谈的环节中,能够做到人尽其职地面谈,就能够产生最好的效果。最终我们甚至可以形成增员流水线。本节里,我们就谈一下关于团队标准化增员面谈的流程与方法。

第一步：接触面谈

接触面谈一般的责任人都是推荐人本人，无论是新人还是老人都可以进行最简单的接触面谈，接触面谈的主要目的是了解准增员的基本信息，并且激发他会见经理的兴趣。第一次面谈的过程切忌直接引入增员的内容，当我们还不能掌握准增员的基本信息，在对他的心态和目前的状态都不了解的情况下，直接进行增员是非常不理智的行为。

面谈的基本流程一般分为以下五点（如图2-5）。

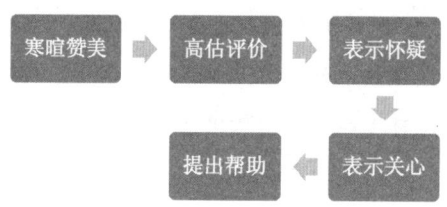

图 2-5 面谈的基本流程

（1）寒暄赞美

这是所有面谈的基本开场白，其实无需多言，但是往往很多人的寒暄赞美把握不好尺度，做得非常假，让人感受不好。其实只要保持亲和地沟通，让准增员知道你非常关心他即可。拉近彼此关系之后，我们接下来就要进入正式面谈流程。

（2）高估评价

这是一个有技巧的环节，基于寒暄赞美之后，我们需要结合寒暄赞美的关键点，对准增员进行高估，所谓高估就是高估他的生活状态、工资收入、幸福感和满意度等等。这要结合不同的人群，寻找切入点。比如针对白领，我们主要的高估方向就是收入、晋升等；针对宝妈，我们主要高估自由自在的生活状态和家庭收入的掌控权。毋庸置疑，这种高估都是基于对方痛点的高估，一般高估的范围也不宜过大，最好是准增员实际生活状态的 1.5 倍左右。这样的高估既不过分夸大，又让准增员有一种我值得拥有的感受。

（3）表示怀疑

通过对准增员的高估，大部分人都会说明真相，例如宝妈会说："哪有你想的那么好，这一天围着老公转，围着孩子转，累都要累死了，还不如你逍遥自在。"

往往这个时候，推荐人特别容易按捺不住，直接交代底牌，"那你跟我去做保险吧！"这样的转化过于突兀，让准增员没有心理准备，直接就会拒绝并终止谈话。所以当准增员开始抱怨、说真话的时候，我们不能急于求成，而是要对她的情况表示怀疑，并结合我们的怀疑点，深入探寻他们对现状的不满，掌握更多的基本信息。例如，针对宝妈我们可以说："怎么会呢？你把家里料理得这么好，一定有更多的时间过自己喜欢的生活啊！"这样的怀疑方式主要针对宝妈的时间不自由展开，对方也会娓娓道来生活中的各种不如意。针对白领我们可以说："怎么会呢？以你的能力在职场里应该很受领导喜欢的啊，按理说早就应该晋升了。"这样的怀疑方式既是对准增员的一种肯定，也能激发他发现职场规则的残酷，自己主动"缴械投降"。

（4）表示关心

当准增员对自己的现状进行深入分析之后，推荐人就要及时地表达出对他现状的关心，并且给准增员讲述自己的故事，让对方心里形成一个期盼式对比。这个部分处理的关键点是将对方的痛点与保险行业的优势进行比较，通过现身说法让对方了解行业特质，不用急于讲道理，更多地要从关心对方的角度切入。

公司有一位同事在针对宝妈增员时，她是这样说的："之前一直觉得像你这样在家里无忧无虑的特别好，老公对你也好，孩子也听话。每天打打牌，看看电视，做做面膜，就是一整天。我没有你命好，得自己出来工作，想有一天也可以像你一样，每天照顾家庭，休闲娱乐两不耽误，还能顺便赚点小钱。结果到了保险公司我才知道，很多像咱们这样带着孩子的宝妈都在保险公司上班。人家也没耽误照顾孩子，还经常带孩子出国旅游，那才是真的经营自己的生活。你看我，来了三个月时间，虽然没有马上就过上多么富足的生活，但是真的没耽误照顾家庭，还自己赚钱给自己办了一张美容卡。感觉就是不一样啊！我觉得以你的能力和人脉关系，如果出来找份工作，一定比我优秀。"

对方听后，立刻答应试试。

这种关心的方式既不伤害对方，还能够让对方产生了解你工作状态的欲望。

这就达成了我们的吸引目标。切记，讲自己一定要真诚，不能以比较的心理来炫耀，更多的是对对方的关怀，这样才能真正起作用。

（5）提出帮助

当我们激发准增员心中的小火苗时，一般对方都会对我们的工作提出疑问或者表示出一定的兴趣。这时候也不要急于促成，而要运用欲擒故纵的方式对准增员提出帮助，邀请她去见我们的主管，让主管协助促成。

有的宝妈会说"你们这个工作有这么轻松吗？"或者"你做得好，我不如你，我怕我做不好。"我们都可以回复："其实啊，不是所有工作都能够一帆风顺，但是保险这份工作相对而言时间比较自由，而且对于我们这样的人而言，并不难。有些需要专业知识的地方，有公司的培训，也有人会辅导我们，就像我的主管就是这样辅导并且帮助我的。我的主管人特别好，很热心，而且她对孩子教育这块也做得特别专业。要不这样，我帮你约我们主管一起聊聊天。就当认识一个朋友，也让他帮你规划一下。"

以上五点就是初次接触准增员时需要推荐人完成的面谈流程。第一次接触准增员，我们需要通过怀疑的过程最大化地收集准增员的痛点信息，为后续的跟进做好准备。不要急于促成，只需要让准增员对保险行业不排斥，对我们的工作有点兴趣即可。接触面谈的核心目标就是让准增员同意见我们的主管。

第二步：激发面谈

这个部分的面谈建议由主管进行，资深的主任或者部门经理也可。面谈的关键部分是深挖准增员的需求，并且切入保险行业的意义与功用。邀请准增员参加创说会。从专业化面谈流程的角度来解析，第二次面谈主要是进行需求分析而并非促成。在增员的过程中，我们往往过分急于求成，在首次见部门主管的时候就期望马上促成，这样对于整个增员节奏来讲是非常不妥的。

主管在与准增员面谈的过程中，主要就是更深入地了解准增员的情况，并且结合准增员的痛点来分析讲解寿险的意义与功用或者行业发展趋势；也可以向准增员展示部门的发展历史，增强准增员的从业信心。同时主管也需要有效地包装创说会的主讲人。具体的流程我们总结为黄金七问：

第一问，您对现在的生活满意吗？

这一个问题其实是一个简要的逻辑问题，也就是我们导入的一个基本方式。主管要针对不同的准增员进行更有针对性的提问修改。比如针对白领可以问："您现在的工作时间是怎么安排的？工作之余主要的休闲娱乐是什么呢？"通过对生活现状的了解，主管可以更加准确地判断出准增员要改变生活、更换工作的决心。针对宝妈可以问："您现在主要的生活重心在哪里呢？每天的时间安排如何？每个月的家用怎么分配呢？"这样的问题可以切入到宝妈生活的核心状态，也能够在这个过程中发现她们生活中的不如意，以及想要改变的关键点。

第二问，为什么？

显然，这也是个逻辑上的问题。这个问题的关键是我们要通过对准增员现状的探寻，帮助准增员了解到问题的核心。例如准增员说现在工作压力很大，老板经常要求加班，那么我们的深入探寻一定是为什么你要承担这样的压力、是否有更好的生活方式。当然，我们也会遇到准增员觉得现状都还不错，例如我们曾经探访的一个公务员就说："我觉得现在的生活很好，每天按部就班，现在都能看到退休的样子。"这时候我们探寻的方向就是：您觉得现状很好的原因是什么？是安稳还是能够顺利退休？这种安稳是真的稳定还是相对稳定？是否真的能够如您所愿顺利退休？这个问题的核心点是帮助准增员发现不足，并且通过深入探寻协助准增员寻找盲区，切实地产生一种期待更完美生活的想法。

第三问，您希望过什么样的生活？

基于对现状的沟通，我们可以顺利引入这个话题，无论对方对现状是否满意，我们都可以带领准增员去畅想一下他们所期待的生活状态。这部分要求主管具有一定的描述能力，因为准增员很可能会简单地回答我们希望过有钱的生活，但是什么是有钱的生活？双方定义是否一致？

一位白领准增员就曾经说过："我就想过的比现在好，没这么大压力。"

这时候我们就可以帮助他描绘："你的意思是不用担心还房贷，可以每个月带爱人去吃一顿浪漫的烛光晚餐，然后在这个城市里有自己的车和房子，每年出国旅游一次。是这样的吗？"

他听后，连连点头。接着讲起自己目前并不满意的工作。顺着他的话题，自然而然就掌握了谈话的主动权。

当我们能够把对方想要的生活以具体化的形象展现在他们面前的时候，吸引力是毋庸置疑的。

一般我们建议描述三个该类准增员最关心的场景即可。过多的描述会变得非常累赘，只要在这个环节我们的描述是精准的，准增员马上就会沉浸在美好生活的憧憬和画面里。

第四问，如果达成了，你的感受如何？

这样的问题看起来有些无聊，但实际上人类感性系统的作用要远远大于理性系统。如果我们只是单纯地跟对方陈述了要达成的生活状态，而没有做这样的提问，对方那种占有的感受依然不会强烈到欲望层级。所以这个问题实际上就是强化对方的信心，让他觉得自己就值得拥有我们所描述的生活，以激发对方强烈的获取欲望。

第五问，您现在的工作能否达成您想要的生活？

这是把对方从梦幻城堡直接打入无底深渊的一个问题。在对方还沉浸在畅想美好生活的时候，我们告诉他梦想很丰满，现实很骨感。这时候必然会激发对方对现在工作状态的不满，同样也会激发准增员思考现在的工作是否是自己真的想要的。

有一次，我们和一个企业老板做增员面谈的时候，前面的愿景描绘结束后，我们直截了当地问出了这样的问题。当时对方先是一愣，然后颓然地告诉我们："我追求了这么多年，在商圈摸爬滚打，做了这么多事情，仍然没有获得自己真正想要的那种生活状态，最重要的是自己还一直沉迷在这种感觉中不能自拔。总是在畅想，等有了钱再去享受生活，却从来都不知道什么时候才是尽头。而且我经常说做企业是帮助别人的，可是这么多年培养一批人走一批人，自己的辛苦付出并没有得到员工的认同。现在静下心来想想，还真的是自己最开始的定位就出了问题。"

第六问：如果实现不了，你的感受又如何？

在这个问题的过程中，我们要强化准增员无法实现生活目标的困惑感。在面谈过程中，主管也可以运用打破梦境的方式，将刚刚给准增员描述的美好场景一一打破，让准增员有一种失落感，并且激发他强烈的欲望。

比如和白领聊天时说："如果按照你现在的工作方式继续下去，还不确定什么时候能够晋升，那么就不能在你喜欢的花园小区买一套100平以上的房子，只能在外环线先买一个小一点儿的居所。每天上班还要赶公交车，或者就算是凑钱买辆车，也只能是十几万的代步车辆。每个月还要算计着还房贷、车贷。这样的生活要持续多久呢？"

第七问：如果有一个机会，能够帮你实现梦想，你愿意了解一下吗？

这个问题其实就是引入我们核心的关键问题。在前面的几个问题中，其实我们已经激发了准增员对目前生活的强烈不满，无论从收入结构上、未来的发展空间上还是家庭的稳定与保障层面，我们都能够探索出不同的信息。这时，主管要结合准增员的实际情况，进行保险行业发展或者寿险的意义与功用的讲解。最好能够结合自己团队的发展规划或者团队成员的自身案例，讲述给我们的准增员，让他感受更加深刻。例如，你可以说："我之前跟您一样，也在传统企业上班，每天朝九晚五地混日子。后来我接触到保险行业，起初也非常排斥，因为我也觉得挺好的一份旱涝保收的工作做着，没必要跑来做保险。"

你说到这里，再举一个例子：

"有一次，我同事的孩子生病了，是肺炎，两口子不但每天熬夜陪护孩子，一万多块的医疗费竟然也把他们难住了。虽然平时每个月也赚个几千块，但是因为单位各种应酬，加上还贷款，本来生活就不是很富裕的家庭，一下子花上万块给孩子看病，就不够周转了，还要跟同事借钱。看到他们的时候，我仔细盘算了一下我的账户余额，发现我这么多年混下来也不够生一次病的，于是就找我现在的主管买了保险。这个人是我以前的同事，我们聊起保险的时候，她的专业度和她在保险公司工作以后的财富自由度都让我很羡慕。后来我就决定跟她一起做保险。在我主管的帮助下,我用了一年的时间,就当上了部门经理,你看,这比我在原先行业晋升的速度快了很多,收入也翻了几倍,而且自己学习了保险知识,给自己和家人购买了充足的保障,现在才是真的稳定了。"

在主管讲自己和团队的过程中,一定要结合准增员的关注点进行切入。有的准增员关注的是晋升和公开公正的环境,有的关注的是来保险公司的收入情况,有的关注的是有没有人能够帮助自己成长,所以主管在讲解过程中,一定要注意自己讲述的侧重点。

第三步,邀约创说会

在激发了准增员对我们行业和公司的兴趣后,我们要主动提出邀约创说会。这个时候准增员已经听了两个人给她讲自己在保险行业的发展,激发了对行业和对这份工作的兴趣。但其实此刻还不是最佳的促成时机,因为准增员还没有系统地了解行业的发展趋势、公司的优势、加入后她能够获得的培训资源以及未来的发展规划,直接促成会导致有些准增员的抗拒心理再次反弹。此时,邀约创说会,就提供了一个很恰当的时机。

在邀约创说会的过程中,主管需要注意三个关键要素:

第一,我们要强调创说会是一个双向选择的过程,不要让准增员误会参加了创说会就必须要来上班,这样她会有压力,甚至不参加创说会。你可以这样告诉准增员:"虽然我们给你讲了很多关于这个行业的特点,但都是站在个人发展的角度思考。选择一份工作不同于购买一件商品,是需要你系统了解并且做出决定的。我们也希望找到合适的合伙人共同发展。所以,邀请您参加我们的事业说明会,一方面是让您更系统地了解我们的公司、行业和团队情况,以便您做出选择和判断;另一方面,我们也要对您进行一次性格测试,看看您更适合做什么岗位。有时候,很可能我们觉得您适合,希望您加入,但是您系统地了解之后还是不想从事这份工作,那我们也可以继续做朋友;还有可能是您觉得很适合,但是测试结果显示您可能不适合做我们的工作,我们也不希望找到不合适的人,对吧?"

这样的措辞方式会让准增员觉得压力很大，人在压力大的时候自然会选择最优表现，让自己更适合这份工作。换句话说，就是只能我选择不要这份工作，而不能让你们觉得我做不了。在这样的潜意识下，人们就会尽可能地搜索自己为什么适合做这份工作，我们就自然地从外部促成转化为内部促成了。

第二，我们要有效地介绍主讲嘉宾。我们在推荐主讲嘉宾的过程中，往往喜欢隆重地包装主讲嘉宾的成就，这容易给准增员造成一种错觉，感觉就是因为主讲嘉宾特别优秀才能获得这样的成就。尤其是对于一些不自信的准增员而言，他们就会给自己寻找无法做好的借口和理由。所以我的建议是在介绍主讲嘉宾的时候，尽量寻求主讲嘉宾与准增员之间的共同点。让准增员认识到，只要自己肯努力，就可以跟主讲嘉宾一样拥有很大的成就。这些共同点的选择可以是曾经同样的经历、职业、性格、爱好等等。

例如，我们可以这样介绍："明天来给我们分享的主讲人，以前跟您一样是全职太太，孩子上学后在家里很无聊，就来保险公司试试，最开始她只是看中了保险公司工作时间比较自由，结果没想到，她来了两年就做到了经理，不但工作上有所成就，还成为了孩子的榜样。"

另外，如果主讲嘉宾与我们的准增员性格上或者某些特质上有极大的差异，我们在介绍的时候可以适当规避差异，提前做好铺垫。例如，有些准增员属于稳健型性格，而主讲嘉宾恰恰属于张扬型。那么我们可以这样介绍："明天来给我们分享的主讲嘉宾，虽然外表看起来非常热情火辣，但是在工作中她特别细心，这么多年的保险生涯，都是一步一个脚印地稳健发展过来的。你性格里本身就非常沉稳，做起事来井然有序，一定可以发展得更好呢！"

第三，我们要强调这是一次学习提升的机会。现代社会大部分人希望有机会去学习和获取新的知识，那么对于很多高素质增员而言，我们把创说会包装成一次学习和社交的机会最好不过。这也有效地避免了一些准增员会因为不想加入保险公司而推托。我们往往会跟准增员这样说："其实您是否来做保险并不重要，因为这毕竟是一个双向选择的过程。但是对于每个家庭、每个人而言，都需要了解基本的保险知识，这是非常有用的。所以您可以参加我们这次免费的活动，以更好地了解保险！"

以上就是作为主管我们需要与准增员进行的激发性面谈流程。在这个过程中，我们的核心目标是强化准增员对于现状的不满，并且通过讲自己、讲团队帮对方寻找到突破的路径，最终邀约创说会。

在创说会结束后，我们将进入增员面谈的关键环节，就是总监的承诺面谈。在总监面谈之前，准增员已经对我们的行业有了一定的认知，那么总监的面谈目标就是给准增员充足的信心，让对方相信，我们能够帮助他完成在保险行业成长的梦想。

承诺性面谈一般分为三个步骤（如图2-6）。

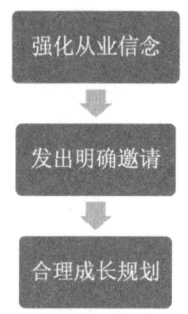

图2-6　承诺性面谈的三个步骤

作为总监，在面谈的开始依然是要强化准增员的从业信念，就是要确认准增员对行业、对公司和对团队的基本认知。这时候一般不以讲述的方式开启，而用提问的方式开启。我们可以这样询问准增员："通过这个创说会，您觉得保险行业最吸引您的地方是什么？"

这时候，有的准增员会回答是行业的发展前景，有的会回答是收入。总监不需要给出明确的答案，只需要按照准增员的描述进行强化即可。例如有些人更看重行业发展，这时候总监就要拿出近几年行业的成长数据，并且介绍未来行业的发展趋势，进行准增员从业信心的二次强化。然后可以针对公司进行询问："您觉得我们公司哪个方面更适合您发展？"

一般准增员会穷尽脑力思考刚刚在创说会上听到的关于公司的信息，并且给出一个答案。总监只需要结合准增员给出的答案进行强化即可。例如，有些准增员会说："我觉得你们公司的产品挺好的。"此时，总监就可以拿出公司产品手册，再进行简要介绍，重点强调产品结构比较合理、种类丰富并且适合各类客户选购。

通过这样的强化，巩固了准增员的从业信心，同时也对准增员的从业信念有了初步的判断。如果对方的回答是十分肯定的，说明对方已经明确了自己要从事保险行业的信念；如果对方的回答是犹豫不决的，说明对方还有一些隐瞒和考虑。这时总监就要敏感地识别并做出有效引导。

第二个步骤是发出明确邀请。准增员一般都不太了解保险公司的人员结构以及未来将从事的岗位，对于完全未知的工作难免会产生恐惧心理。所以，此刻我们可以跟准增员明确介绍一下我们的招募岗位和未来的发展规划，有助于准增员选择，也有助于我们完成最终的规划面谈。

一般情况下，要告知准增员部门现在招聘两个岗位的人员：

第一个岗位就是我们的业务精英。如果您善于沟通并且乐于接受挑战，那么可以考虑这个岗位。业务精英在部门的平均收入大概是5000~10000元，如果您特别优秀的话，完全可以超越这个收入水平。

第二个岗位就是我们的储备总监。如果您喜欢团队，并且乐于帮助更多的人成功，那么您可以选择做一个优秀的储备主管。在我们团队中，主管的平均收入每个月10000~20000元不等；如果做到总监，每个月都可以在50000元以上。您看您对哪个岗位更感兴趣？

我们给出收入标准后，如果准增员对高收入感兴趣是最好的，我们只需要合理规划即可。如果准增员此刻对于收入表示不可思议或者觉得自己能力不足而不自信，主管大可拿出我们团队相关人员的工资条或者他们的《成长档案》给准增员看。而且要明确说明，不是刚开始就能够拥有这样高的收入，需要我们共同努力才能实现，但是要让准增员相信，我们有信心帮助他达到这样的收入水平。

第三个步骤是合理设计成长规划。当准增员选定了未来的发展方向，作为总监，我们必须要能够为准增员合理地规划发展计划，这种规划一方面是帮助准增员增强信心，另外一方面也是要与准增员达成工作协议。

在规划的过程中，主管也可以很好地了解准增员的情况，在准增员正式上岗之前帮助他做好充足的准备。

一般而言，如果准增员对主管的岗位比较感兴趣，那么我们就会简单做一个三年或者五年的整体规划，然后再细化到第一年、第一个季度、第一个月，最后再细化到每个工作目标。例如，有个别准增员对总监的岗位非常感兴趣，那么面谈时可以这样讲：

"太棒了，我就知道您一定是一位非常优秀的合伙人，我们也很期待像您这样有魄力、有实力的合伙人加入。但我想您一定知道，做到总监这个岗位不是一蹴而就的，根据您过往的经验和能力，我建议先做一个五年规划，当然这是个初步的目标，如果您这边发展特别快，估计三年也是可以达成的。如果按照五年晋升总监来规划，您三年内一定要做到高级经理的职级，最好一年内晋升部门经理。接下来我们就先把第一年的目标分解一下，像您这样的人脉关系和能力，我觉得当月转正肯定不是问题，那么我们就计划三个月晋升主任，半年内您可以帮助两个跟您一样优秀的合伙人晋升，这样年底晋升为经理就不难了。那么，如果在您的帮助下，我们的团队成员可以确保每人收入都在3000~5000元，您第一年的年收入就在十万元以上。第二年我们就可以实现收入翻倍了。您觉得这样规划怎么样？"

如果我们的准增员看重的是业务精英的岗位，面谈内容如下：

"太棒了，以您的能力做业务精英可以说有些屈才了，但是您现在没有正式进入我们的团队，可能对保险行业也不是特别了解，可以先做一段时间销售精英，即便以后您想进入管理层，我们也可以随时为您做好规划。那么如果您做业务精英，我第一年给您制定的收入目标是不能低于您现在工作的收入目标，我们暂定年收入在十万元以上，可以吗？当然这样的目标不是平均分配到每个月的，您也知道，任何工作都需要积累和沉淀，不能一蹴而就，保险尤其如此，我们需要一段时间积累我们的经验和人脉，学习专业知识，也要让我们的客户和朋友接受我们。所以在第一个季度，我们大概分配到的收入目标是2万。到了第二季度，再根据您的具体情况进行调整，像您这么优秀，也许最终我们可以突破更高的收入目标。在您完成第一阶段2万元收入目标的过程中，您需要做到的就是每天出勤，参加公司举办的各种培训班，丰富自己的业务知识。同时，作为主管，我会陪您一起分析您的客户情况，并且陪您做三次客户拜访。当然，如果您一直出勤情况良好，并且入司当月就可以转正的话，作为奖励，部门将会奖励您一场个人表彰答谢会，用来帮助您提升客户信任度，以促成更多业务。您看这样的计划是否可行？"

制定这种规划，主管可以根据本公司的具体情况、准增员的情况以及团队的情况综合考虑，以上的话术可以作为参考。在总监与准增员面谈结束后，双方都要对每一阶段的发展规划做出明确的考核标准，这样有助于后续的管理和追踪，也让准增员有一种到了很正规单位的感觉。

需要提醒的是，增员面谈不是一蹴而就的事情，而是有组织、有计划、有节奏地进行的。团队成员要能够不断地练习各种面谈的流程，掌握不同阶段的面谈目标，做到不跨界、不越权，这样就可以形成一条增员面谈流水线，有效地加快团队标准化增员的速度。

第四节
构建系统化合伙人增募模型

> 增员不是一个人的事情,而是一个组织的事情。要想让我们的"合伙人计划"有效地在团队中发扬光大,就要构建增员功能小组,带领我们的团队成员一起拓展新的增员渠道,学习并通关增员面谈话术,并且要有一套完整的合伙人培养计划,确保增募来的新人能够留得住。

增员的渠道非常多,作为寿险企业家,我们无法做到样样精通,但是组织中有各种优秀的人才,我们可以挖掘优秀的人才去他们擅长的渠道开拓。

有一个学生,她特别擅长开拓宝妈,成功率极高,那么就让她带领一个宝妈群体去专门开拓宝妈的渠道,这就包含了去哪里找、找到后如何建群或者一对一沟通、要沟通到什么程度才一起组织活动或者直接召开创说会。

作为这个渠道的负责人,她每个月要做的就是在团队中说明该类渠道开拓的工作计划,让有兴趣开拓宝妈的伙伴加入到她的小组织中来,一起开拓宝妈准增员。随着团队成员越来越多,我们可以在整个大组织中固化下来一个又一个的有效渠道,并且成立专门的增员功能小组负责该类渠道的管理和运营。

在功能组运营的过程中,主管要注意的就是在渠道刚刚开拓时,自己要以身作则,首先参与其中,了解该类人群渠道开拓的要点,随时给予指导;当模式已经运作成熟后,只需定期进行数据管理和模式更新即可。随着渠道模式的逐渐固化,主管要跟功能小组一起,形成固定的流程、话术。这样,只要有新的准主管需要运用这样的渠道进行增员,就可以直接参照学习。当然,相关渠道的话术通关、活动组织通关也都交给渠道功能小组进行维护和管理。

组织增员最难的模块其实不是如何增进来,而是增进来的人如何留得住。这个问题也是困扰很多寿险企业家的难题。每年增员的工作没少做,也进来了很多人,但是到年底一盘点,人数不但没有增长,反而还有下降。貌似年年的工作都是在培养新人,培训、辅导、陪访耗费了大量的精力,但都成为了过眼云烟。而且很多准主管,看到团队人才流失的速度,也不敢增员,这样就会掉入"低效增员"的魔咒中。所以在组织增员中有一个至关重要的环节就是留人。

新人上岗后,如何留得住,一方面是团队文化、团队日常运营管理的顶层设计问题,另一方面就是如何帮新人赚到钱,让新人觉得在团队中有家的温暖。简单说来就是马云说的那句话:员工离职借口很多,但最真实的就是两条(如图2-7)。

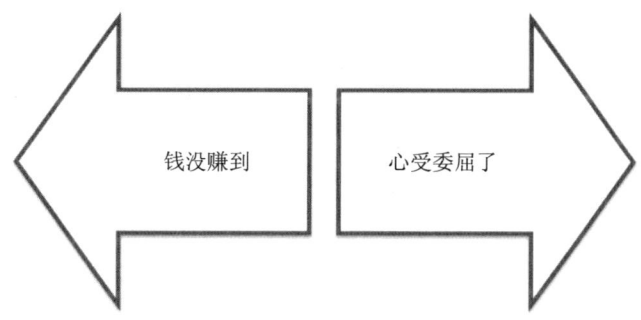

图2-7 员工离职的主要原因

所以,在团队中要组建一个专门的新人培育功能小组,负责新人入司后的培训、辅导和人文关怀,这样的事情如果是自己的推荐人来做当然效果最好,但是有些推荐人不够成熟,陪访和一些辅导的工作做起来就会相对艰难。如果这个时候,在团队中有专门的新人辅导小组,可以让主管都承担起责任,也有助于准主管增员,这样做一举多得。

新人成长功能小组一般由我们的主管和准主管共同负责,主要的工作就是提升新人的工作技能,做好新人晨夕会经营和辅导,并且做好新人管理。那么新人育成功能小组主要做什么事情呢?

要留住新人的心,我们要关注三个"二"(如图2-8)。

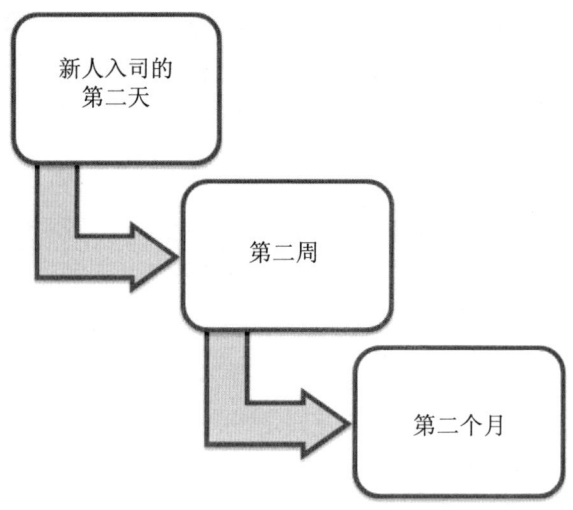

图 2-8　留住新人的三个关键时间点

💎 新人入司第二天

一般指的是新人签订入司合同，通过新人班培训后上班的那一天，在这一天，我们首先要举办一个迎新会，让新人快速认识团队成员，融入到团队中来。

迎新会结束后，作为主管，我们要介绍公司内勤以及一些重要人员给新人认识，让他能够更好地了解未来工作中如何与身边的同事配合，以及遇到困难的时候向谁求助。中午的时间，我们可以带领新人到公司楼下，给他介绍公司周边的环境，重点是让他知道哪里是我们平时就餐的地方，哪里可以请客户用餐或者哪里有咖啡馆可以跟客户谈心。当然第一天上班，作为主管可以请新人一起吃饭，缓解他的压力。到了下午，我们就要进入重点工作了，具体包括以下几点：

① 帮助新人再次明确与总监面谈的规划。

② 陪同新人填写 P100 名单，在新人填写的过程中，我们不能置之不理，要一个一个的跟新人做好沟通，帮助他了解哪些客户是高价值客户，哪些客户虽然看起来非常有实力，却不是短期内我们要开发的目标，避免新人误入歧途。

③ 陪同新人完成第一次电话约访，并且辅导他通过电话约访填写客户档案和工作日志。

④与新人约定好第二天的上班时间以及工作内容。

这样的一天是非常充实的，而且也让新人觉得工作非常具有条理性，对未来更有信心。

新人入司第二周

这是一个很关键的时间节点，因为此刻，他的新人班同学有些已经开单了，有些甚至已经离职了。如果这个时候新人还没有开单，就会有些心急，甚至在这个过程中，成年人都会有一种好面子的感觉，遇到问题又不好意思主动询问，慢慢就产生自己不适合做保险的想法。此刻，主管或者团队成员的帮助是至关重要的。那么面对还没有开单或者开单情况不好的新人，主管要主动找新人面谈，了解情况并提供帮助。如果是已经开单但是没有转正的新人，主管也要主动找新人面谈，做好转正差距分析与规划，有必要的情况下还要及时做好陪访工作。

新人入司第二个月

这是大部分新人已经转正的时间节点，如果此刻还有未转正的新人，要特别关注。有可能是新人的资源不好，也有可能是新人本身对保险行业的信心不足，但无论何种情况，此刻都是非常关键和危险的时期。对于已经转正的新人，主管要及时规划晋升目标，或者结合公司的方案帮助新人构建一个明确的计划。对于还没有转正的新人，这段时间一定要重点关注其出勤率以及情绪问题，如果新人因为一直没有转正而导致情绪失落，主管应该优先处理情绪问题，再帮助新人细致分析至今未转正的真正原因。

这三个"二"做到了，我相信新人的转正率会大幅提升，流失率会大幅下降。当然，在这个过程中，作为推荐人和新人进行直接沟通效果最好，如果推荐人没有经验或者沟通起来不是很顺畅，可以让功能组的工作人员进行配合。

要帮新人赚到钱，我们要关注三个"率"（如图2-9）。

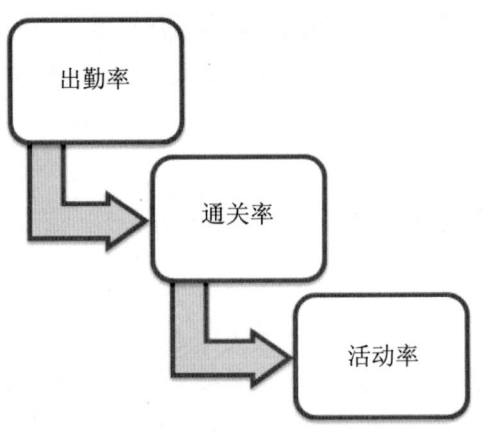

图 2-9 新人管理非常关键的三个指标

这三个"率"其实就是新人管理非常关键的过程指标。作为主管，我们在日常管理的过程中，往往比较关注结果管理，而容易忽略掉过程管理。但是作为管理者我们都明白，只有过程好了，结果才能好起来。新人作为行业的白板，自然无法快速适应并且掌握营销能力，要想让新人快速掌握新技能，最佳解决办法就是通过对三大规律的日常管理，固化新人行为，进而帮助新人达成个人绩效目标。

◆ 出勤率

这是新人成长、成熟的生命线，没有出勤率，一切无从谈起。很多主管在增员的过程中，由于错误地介绍了行业的工作特性，让新人产生了误解，以为可以不用出勤，更有主管利用保险公司工作时间自由作为增员的核心筹码。结果新人是增来了，但是都不出勤，不出勤自然就无法掌握核心技能，也无法出单，最后新人就会在完全不了解行业特性的情况下产生错误认知，直至离开保险公司。所以，抓好出勤率是新人管理的核心。

作为主管，想抓好新人出勤率，既要在管理制度上严格执行，又要让新人觉得来公司出勤参加早会有所收获。这叫两手都要抓两手都要硬。一般入司六个月之内的新人是必须要参加公司的晨夕会的。晨会主要是了解行业趋势、公司政策以及活动、二早的话术通关；夕会是用来解决新人临时遇到的各种问题的。所以入司六个月之内的新人必须出席两会，主管在新人入职的时候要有效沟通，并且以身作则，每天坚持参加晨会，还要保证每周陪同新人参加一到两次夕会。要让新人坚持参加晨夕会，我们的内容设计就非常关键了，首先要让新人觉得有所收获。我们在跟新人做面谈的时候，不出勤、不参加晨夕会的主要原因就是觉得没有收获，新人会觉得晨夕会千篇一律，没有新意，没有成长。这就怪不得新人不出勤了。所以我们在"亚洲魅力导师"的平台上为很多主管提供了晨夕会学习的素材，让主管可以很好地经营晨夕会，让新人能够有所收获，打造学习型组织。我们的很多学员不但自己订阅了年度"十分有财"的课程，每天学习，还奖励给自己的转正新人，让新人可以随时随地学习最新的理财咨询，次日二早，大家做学习分享会。经历不到一个月的时间，整个团队都觉得成长非常快。可见，一个有意义的晨会是多么重要。

通关率

> 中国有句老话叫做"磨刀不误砍柴工"，对于所学的内容有效通关能够最大限度地确保新人学会技能。

作为主管，我们认为非常简单的技能，往往对于新人而言是较难的。我们没有及时给新人做好话术的通关，就等于把孩子送到学校却从来不关心孩子的学习成绩。新人没有清楚地理解话术的逻辑，就会害怕跟客户说不清楚，于是经常出现新人在职场"自己吓自己"的情况。他们往往非常担心"万一"客户问我，我不清楚怎么办，于是想着想着，这些幻想的事情就变成了事实，新人就会感受到因被拒绝而无能为力，从而不愿意出去拜访客户。

作为主管，我们严格对新人所学内容进行通关，就能够帮助新人熟练掌握话术以及话术的核心逻辑，通过对话术的熟练程度最大限度地提升新人的心理素质，进而加强新人的拜访意愿，提高成功率。一般我们采用的通关形式如下：

首先是培训班对所学内容进行通关，其次是主管要对所学内容进行通关，最后我们会在大早会、二早设定不定时抽奖通关环节。这样全方位、海陆空式的通关关卡，让新人无所逃避，只能乖乖地背话术，那么之前说的情况也就自然不存在了。

 活动率

这里说的活动率不仅代表新人面谈了多少客户的活动率，也包含新人是否参加公司举办的各项活动的活动率。在新人接触保险行业的前六个月，我们建议新人要争取参加公司举办的各项活动，一方面对行业和公司有更加深入的了解，另外也可以在参加活动的过程中有效学习，提升自己的技能。往往在新人无法邀约到合适客户的时候，主管就会忘记让新人以工作人员的身份来参加产说会和创说会，错失了很好的团队融合及学习的机会。

在我们的团队里，入司六个月之内的新人是要全程参与公司的各项活动的，如果新人有邀约到客户，我们不仅会表扬，还会有针对性地给新人安排一个协助他促成的主管，这样既可以提高促成几率，又能够让新人学到更多的东西。如果新人没有邀约到合适的客户，我们就会让新人以工作人员的身份参与其中，一方面有助于新人与团队融合，另外多次听创说会或者产说会主讲嘉宾的讲述，会让新人的专业能力有较大的提升。

只要我们能够抓住这三个率，新人的成长速度一定会非常快，用过程指标的把控帮助新人实现较高的结果指标，不仅能够帮助新人赚到钱，还能帮助他们学到更加地道、专业的知识，有助于他们在这个行业更好地发展。

系统地构建"合伙人"选、增、留三大模块，才能帮助寿险企业家实现快速增员、增好人、增得来、留得住的发展梦想。而这个工程的构建建立在整个团队统一思想、统一标准的前提下。虽然短期看起来会让我们的团队发展受到一定的制约或者不适应，但事实上，我们多年带领团队的经验表明，只要这个系统构建成功，高素质、高品质的增员就会源源不断地向你的团队涌来，那时候团队发展的速度是几何倍数的增长，最重要的留存率也会大幅提升。

学习心得

你目前增员的员工留任的比例是多少？准备如何提高这一比例？

第三章

选对人，说对话，性格识人秘籍

第一节
追本溯源：懂人性，才能带团队

> 近两年经常有团队长跟我们沟通，反映现在的团队越来越难管理，成员太有个性，增员也难增，年轻的难沟通，不知道他们到底想要什么，也不知道如何跟他们谈保险，除了谈收入就是谈时间，除此以外没有其他可以谈的内容。最后增来增去，还是年纪跟自己差不多、情况也差不多的属员，客户群体也比较单一，难以开拓更广的客户群体，尤其是年轻的客户群体是很多寿险老前辈们的禁区。很多团队长都有一种"我本将心向明月，奈何明月照沟渠"的感觉，就是自己掏心窝对属员好，可是对方却不领情。

很多团队长逐渐意识到，在互联网时代，在这个产品同质化越来越严重、竞争越来越激烈的社会，要想保持团队持续稳定的发展，团队年轻化、客户年轻化是必然的趋势，但是苦于找不到一种方便快捷的方式、工具去切入。

随着时间的推移，很多团队长对增员尤其是增加年轻群体失去了信心，继而抱着顺其自然的态度。其实大家都被自己的固有思维禁锢了，当问题用我们固有思维解决不了的时候，我们就容易产生怀疑甚至放弃。如果我们尝试换一个角度去看待这个问题，或者换一个思维去看待这个问题，没准会"山重水复疑无路，柳暗花明又一村"呢！比如说，我们有没有考虑过增不了年轻人、开拓不了年轻客户市场的根本原因是什么？有没有认真地来一次追本溯源？

不论增员还是展业，都是与人沟通，那么为什么会沟通不畅呢？根本原因就是不熟悉对方、不了解对方，双方在互不了解的情况下，能谈的内容的深度与广度可想而知。再者，还有的人摸不着对方的脾气，谈着谈着，友谊的小船说翻就翻了，最后两人不欢而散，更甚者此生不再相见，朋友都没得做了，古语有云"话不投机半句多"，说的就是这种情况。下面，我们来分析一下为什么会出现这种情况。

从心理学角度分析，每个人都有自己的沟通风格与做事风格，这是一个人外在的行为方式。而一个人外在的行为方式一定有其内在的驱动力，那么这个内在的驱动力是什么？就是人性，人的天生性格。就像我们常说一个性格外向的人，做事风风火火，说话干脆利落，不拖泥带水；而性格内向的人，则做事慢条斯理，说话轻声细语，不紧不慢。所以如果我们能通过一种工具或者方法快速了解对方的性格，那么就可以采用对方能理解、能接受的沟通方式，以达到事半功倍的效果。

在这里给大家推荐一个目前全球最权威、最简单的性格测试，有了这个测试工具，对于保险经理人来说既可增员，又可展业，实在是一个促进保险团队发展的不可多得的"神器"，它就是来自美国的 DISC 性格测试。

说到性格测试，相信很多伙伴都不陌生，目前市面上的各种性格测试如雨后春笋般涌现，如九型人格、星座、血型、色彩等等，那么今天要说的 DISC 性格测试又是什么呢？

DISC 性格测试的理论依据可以追溯到上世纪 20 年代，提出者是美国的心理学家威廉摩顿·马斯顿教授，他同时也是测谎仪的发明者。他于 1928 年写了一本书籍《常人之情绪》，在书中他提出人的外在行为由内在的四种基本元素控制，这四种元素分别是代表"支配、控制"型的 D（Dominance）；"影响、感召"型的 I（Influence）；"平稳、稳定"型的 S（Steadiness）；"严谨、谨慎"型的 C（Compliance）。马斯顿教授提出人体内这四种占比，哪一种比较多则他外在呈现的就是哪一种元素，比如说一个外在表现是控制、支配欲望比较强的强势型的人，那么他的体内 D 元素的占比一定偏高。

第二节
谈"性"识人：认识"江湖"上各种性格的人

> 这四种元素在人体内的占比不同、排列组合的形式不同，表现为我们看到的社会上各种不同行为的表现方式，也就是不同性格的人。给大家分析一下几种常见的不同性格的人的基本特征，帮助大家在日后的增员、展业、带团队的过程中能够更好地做个性化沟通。

D型人物代表：孙悟空、秦始皇、曹操、项羽、张飞等。

D型性格特征：目标明确、雷厉风行、敢作敢当、爱恨分明、行事莽撞、执行力强、欠缺规划、坚持己见、追求结果、忽视过程、不拘小节等。

I型人物代表：猪八戒等。

I型性格特征：阳光灿烂、活泼好动、热情开朗、能说会道、与人为善、追求时尚、注重门面、注重享乐，最大的兴趣爱好是吃、喝、玩、乐等。

S型人物代表：沙和尚（沙僧）、甘地等。

S型性格特征：温文尔雅、谦谦君子、说话柔声细语、做事慢条斯理、平和低调、最害怕鹤立鸡群或与众不同、善于倾听、不善于表达、大会小会都喜欢静静地坐在某个角落，能不发言尽量不发言。

C型人物代表：唐僧、诸葛亮、林黛玉等。

C型性格特征：逻辑严明、注重细节、追求完美、注重原则、讲究精准、注重流程、严谨仔细、执着固执、启动慢等。

不同性格的人有不同的性格特质，即使相同性格的人也存在个体的差异性，由于本书不是专门研究性格的书籍，因此只针对典型性格D、I、S、C型人进行讲解和分析。

总体而言,这四种性格的人在本性上的区别如下(如表3-1)。

表3-1 四种典型性格分析

D型人被称为控制者	I型被称为社交者	S型被称为观望者	C型被称为思想者
● 直接、控制、独断	● 沟通能力与说服能力较强	● 与人为善	● 凡事都讲求精准、重流程
● 独立、追求成功的动机强烈	● 乐观、口才好、较圆滑	● 做事有条不紊	● 对品质的要求高
● 喜欢掌握全部状况	● 对人际关系的感受较敏感	● 随和、比较没有主见	● 就事论事
● 好胜、企图心强	● 喜欢团体的气氛	● 温和地表达自己的情绪	● 比较严肃和理性
● 喜欢挑战	● 即兴、步调快	● 没有安全感、敏感	● 没有太多的语言表达和肢体动作
● 不信任别人	● 容易信赖别人、好的人脉网络	● 会关心他人	● 欠缺变通
● 不容易关心别人或激励别人	● 做事较为冲动	● 常有牺牲自己成全大家的精神	● 刀子嘴豆腐心
● 容易与人保持距离	● 不太重视细节		● 具有强烈的危机意识
● 主观、自负	● 不善于做计划		● 启动比较慢
	● 重视第一印象及门面功夫		● 不喜欢过分亲密的举动,尤其是肢体接触
	● 喜欢听赞美的话		

第三节
因人而异：个性化的增员面谈技巧

很多保险人在增员展业的过程中最常犯的错误有以下三点（如图3-1）。

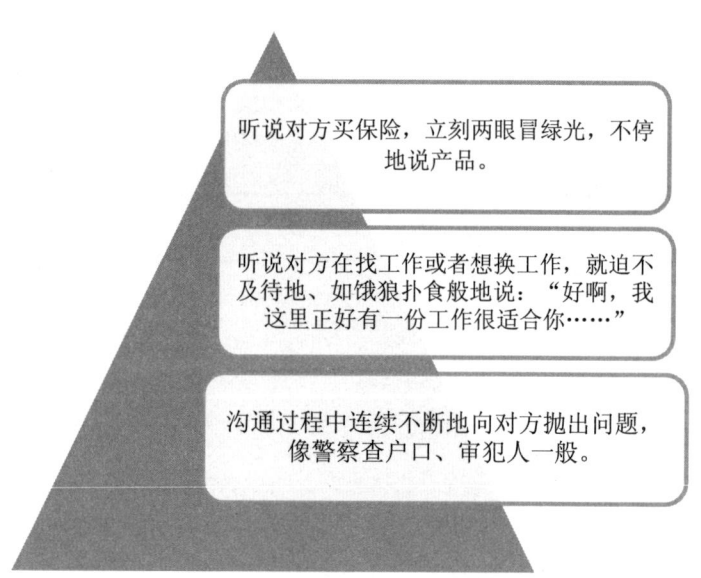

图 3-1 保险人在增员展业的过程中最常犯的错误

具有以上三点的保险人的共性是不管对方的反应，也不问清楚对方的具体需求，就如机关枪一样向对方"开火"，一顿"突突突"扫射过后，结果一般就两种：

第一种，开火过猛把对方给"突"死了，此生不再相见，老死不相往来，友谊的小船说翻就翻。

第二种，把人"突"得半死不活，最后对方举手投降，"好了好了，我买还不成吗？"，"好了好了，我去你公司试试做一段时间吧"。

不管是"突"死,还是半死不活最后妥协,这种生拉硬拽的营销和增员方式最终的效果并不好。尤其是那些被"突"得半死不活答应来做保险的,其实是稀里糊涂地来,最后稀里糊涂地走,走了之后会跟那些不来的一样,到处跟人宣扬"千万不要做保险,好恐怖的,他们会给你洗脑,保险是骗人的……"最后只会导致口碑越做越差。

所以在这个市场、产品同质化竞争日趋激烈的时代,客户也好,准增员对象也好,都要求保险人做到"个性化的服务、个性化的沟通"。

作为保险人,不要问哪个性格适合做保险,性格没有好坏之分,所有的性格都适合做保险,只要作为保险团队长的我们能够学会帮助准增员对象利用性格的优势在寿险的发展道路上扬长避短,即可达到事半功倍的效果。首先让我们先来对这四种准增员对象进行深度剖析(如表3-2、表3-3、表3-4、表3-5)。

表3-2　D型性格分析

D型的行事风格	D型的价值追求	D型需要的合作伙伴
以问题为导向	享用权力	评估风险
对现状提出质疑	能够突破和改革	精算利弊得失
勇于接受挑战	能力眼光得到肯定	谨慎决策
下决心很快	不受拘束的环境	处理后勤细节问题
发号施令	有独当一面的机会	计划协调能力强
行动积极	创新多变化	注重别人的感受
立刻要结果	领导具行动力	能用语言鼓舞士气
克服困难	不喜欢被监控	不具备野心

表3-3　I型性格分析

I型的行事风格	I型的价值追求	I型需要的合作伙伴
喜欢交朋友	受到大家的欢迎	能直述重点
善于说服他人	能力被肯定	针对事情评论
营造热闹气氛	能发挥口才	收集客观资讯
能振奋人心	团体活动	不被杂事分心
脑筋快、点子多	多元的人际互动	逻辑的思考方式
自由、不喜欢拘束	不喜细节和数字	贯彻到底的恒心
乐观、情绪化	没有太多制式约束	较好的自我管理
容易亲近	强烈获得团队需要	对人不持偏见

表 3-4　S 型性格分析

S 型的行事风格	S 型的价值追求	S 型需要的合作伙伴
决策态度谨慎	稳定有保障的环境	灵活的应变能力
忠诚度高	按部就班的工作流程	接受突发状况
避免冲突	充分的思考时间	勇于求新求变
对事专注且有恒心	成果获得肯定	一心可以多用
善于倾听与安抚对方	受到真诚的感谢	懂得适时表达拒绝
做事慢条斯理	兼顾家庭与生活	不过分在意他人
追求一致性	建立亲密团体关系	展现个人优势
乐于提供协助	标准化作业流程	能主动面对人群

表 3-5　C 型性格分析

C 型的行事风格	C 型的价值追求	C 型需要的合作伙伴
善于逻辑分析、思考	品质与精确性、货比 N 家	果断的决策力
收集数据与资料	清晰的基本法与制度	简洁而省时的方法
重视程序与规则	能有时间思考周全	说出关心与感谢
完美主义、高标准	具体的工作要求	适应变化、活用政策
自制力强、尽忠职守	严格的纪律执行	坦率的表达意见
具有批判性	知性的专业表现	参与团队运作
充满危机意识	独立的思考空间	充分讨论达成协议

分析完以上四种典型性格的人的行事风格、价值追求以及需要的合作伙伴，如果你是保险团队长，应该知道自己需要什么性格的合作伙伴，在工作生活中对准增员对象和成员的一些行为，之前不理解，现在也理解了。原来他们不是对我们团队长有意见，而是性格使然，所以了解性格可以帮助我们在生活和工作中多点宽容和理解，少点埋怨和误会，保险企业家之路，只有知己知彼，方能百战不殆。在分析了四种性格人物特点后，我们不仅可以找到辨别四种性格的准增员方式，还可以找到跟四种性格的准增员对象进行增员面谈的沟通方式（如表 3-6）。

表 3-6 四种性格的面谈沟通方式

准增员对象	准增员对象面谈时的反馈	增员人面谈注意事项	面谈要点
D 型准增员	●严肃认真、不苟言笑 ●眼神坚定、不易接近 ●喜欢插话、表达己见 ●语气坚定、不容置疑	●言简意赅 ●结果导向 ●少说否定 ●多加赞美	●谈在保险行业的成就、地位 ●一句话总结：随心所欲地打造自己的保险帝国
I 型准增员	●面带微笑、点头互动 ●态度积极、好奇多问 ●思维跳跃、能说会道	●积极互动 ●多加赞美 ●引导谈话方向	●强调在保险行业可以免费学习、提升自己、认识很多朋友、免费旅游、大型荣誉表彰等，收获多多 ●一句话总结：开心做保险，快乐过生活
S 型准增员	●态度友善、选择倾听 ●不善言辞、点头回应 ●过程认可、犹豫不决	●适时鼓励 ●建立同理心 ●不断引导发问	●多强调保险事业对家庭与工作的平衡，不会给她带来麻烦，给予足够的安全感，打消顾虑 ●一句话总结：保险让你找到家庭与事业的平衡点
C 型准增员	●表情严肃、认真记录 ●紧锁眉头、不苟言笑 ●直指问题、一针见血 ●反复比较、认可专业	●专业呈现 ●准备充分 ●数据分析 ●自信满满	●可以讲基本法、架构等，用数据呈现给对方 ●强调专业价值的体现，以及在保险行业对专业地位的认可与荣誉 ●一句话总结：保险可以让你的个人专业价值最大化地体现出来

当然，以上是基于大数据法则下，与不同性格准增员对象面谈时的总结，记住在面谈过程中有"三个必须"是不管面对哪种准增员对象都管用的，那就是：赞美是必需的，建立同理心是必需的，讲故事是必需的。因为赞美可以帮助对方对保险行业树立信心；建立同理心可以帮助对方打消顾虑；讲故事是因为大多数人都喜欢听故事，而不喜欢听长篇大论的大道理。下面就让我们从几个案例代入到真实的各种性格增员情境中去吧。

第四节
D型人的增员话术与工具

> 邓超先生是一位保险人的老同学，30岁，行政人员，月薪5000元（税后），辛勤工作六年，由于公司岗位是"一个萝卜一个坑"，所以晋升机会很小。而工资又与岗位职级挂钩，因此邓先生六年的薪资涨幅不大。随着年龄的增长，随之而来的结婚、生子、买房、买车等一系列经济压力越来越大，加上邓先生一直希望能够出人头地，创造一番自己的事业，因此对目前的工作状态产生了不满，有转换行业的想法。

如果你是这位保险人，要想成功说服邓超加入，可以试着用增员面谈的五个步骤：

第一步，寒暄开门

保险业务员：老同学，最近工作怎么样？肯定升职加薪啦，邓总！（赞美，试探提问）

邓超：还行吧，过得去（D型人要面子）。拿死工资的，再多也有个顶，升职哪有那么容易，一个萝卜一个坑！

保险业务员：不会吧，你这么有能力、有抱负，以前在班级里是领头羊，大家都听你的，记得你中学时就有要创造一番事业的远大抱负。（高估他）

邓超：那都过去了，可能时机还没到吧！我也在寻找一个好的时机，突破一下自己，不然年纪越大，越没有冲劲。

保险业务员：的确，时机很重要，一旦错过可能就找不到更好的时机了，那你有没有考虑过什么样的时机最合适？或者未来三到五年的事业规划？（关心他）

邓超：打工肯定没有出头之路，想自己做点生意，但是现在市场经济环境也不好，一时半会儿想不到什么更好的事业可以做，也不敢贸然出击，毕竟不是单身一人，还有一家老小要养活呢！

第二步，自我经历说明

保险业务员：我非常理解你的感受，因为我曾经也是这样想的，总想等到所谓的合适时机，总想等自己赚够了本钱再去创业，但是往往时机是不等人的。其实有一个很好的事业，它不需要投入资金，也不会有工商、税务的诸多麻烦，更不会受市场经济环境的影响，相反现在还受到国家的大力倡导与扶持，更主要的是可以组建自己的团队成员，使自己成为真正的企业家。现在我们正在招募优质的高素质合伙人，这份事业非常适合你这样有能力、有魄力、有远大抱负的人。

邓超：你说的是保险吧？因为我之前听其他同学说起过你在做保险，虽然你做得不错，不过不一定适合我。

第三步，异议处理

做保险没面子

由于D型人非常爱面子，很自信，甚至有点儿自负，所以，保险业务员可以这样跟客户沟通：

我很理解你的感受，像你这样有远大抱负、有能力的人肯定希望能够成就一番属于自己的大事业。我曾经跟你一样，也觉得保险是一个推销产品、门槛低、没啥地位的小生意；又或者是一些女人的事业，觉得男人做很没面子。

可是当我后来真正走进保险行业后，才发现有很多专业人士都在做保险，再深入了解后才知道，保险是一个属于自己的大生意，我们可以打造自己的人寿保险帝国，做一个真正的人寿保险企业家。

这个世界没有人会看得起刚创业的人，但是所有人都会尊重一个创业成功的人。兄弟，只要你想做，愿意打破你的舒适圈，走出来，跟我一起开创属于你自己的事业，一定会成功。

赚钱太慢

对于性子比较急的D型人来说，他们追求快、狠、准的结果导向。保险业务员可以这样说：

我很理解你的感受，我曾经也是这样的，总想赚快钱，用最短的时间赚最多的钱，我尝试过炒股、各种短期高收益投资，甚至赌，但是当我把存的一点积蓄差不多赔光时才意识到，那些所谓的短期高收益、高回报的投资伴随的也是高风险。其实人对快慢的感觉是相对而言的，比如我们目前的一些兼职业务伙伴，通常在一年内都可以达到每月几千元的收入，相当于一个普通白领的月工资收入，专职的收入就要更高一些，这样的速度应该还不算慢吧！

一般传统的生意，往往在大成本的投资后，一两年甚至更长的时间（目前互联网冲击更大，回本更慢）也不一定能达到收支平衡，而对于拿死工资的白领来说，想要月入几万元，那需要的时间就更长了，还要每天朝九晚五地辛苦工作。相比之下，我们做保险的伙伴被称为"一嘴一笔闯天下，双脚踩出亿万金"，赚钱又怎么会慢呢？你说是吧！

第四步，推和拉两度促成
如果对方有一定意向，要用话来推他，保险业务员可以这样说：

老同学，我们今天谈了这么多，相信你心里也会有点儿想法，这样吧，我建议你先到我们公司来了解一下，最终的决定还是等你了解过后再说。这是一个双向选择的过程，因为我们公司对招募合伙人的要求也不低，筛选条件也是非常严格的，下周我们公司有个招募合伙人事业说明会，到时会有很多跟你一样正在寻找合适商机的人才去参加，我建议你去听一下，深度了解一下，同时也能多认识一些人，到时我再跟你联系怎么样？

如果对方感觉还有一点儿犹豫，要用话来拉他，保险业务员可以说：

老同学，我理解你的顾虑，重新开始一份事业是需要非常大的勇气和慎重考虑的，肯定不会这么快就做决定。

下周我们公司有个招募合伙人事业说明会，到时会有很多跟你一样正在寻找合适商机的人才去参加,我建议你去听一下,同时也能多认识一些人,不管能不能进入我们公司,多了解一份事业、多认识一些人,对你的未来肯定是有一些帮助的,到时我再跟你联系怎么样?

第五步,跟踪经营

保险业务员:老同学,我们公司经常有一些职业技能和素养提升的培训课,要不你过来听一下,也有助于提升你的职场竞争力嘛。

D型人的增员金句:选择职业,是人生极其重要的选择,一个人是否入对行,是否跟对人,直接影响他一生的成就。

D型人的增员痛点:平庸、被束缚、理想没法实现,处处受人管制,看人脸色做事。

第五节
I 型人的增员话术与工具

> 客户陈总，35 岁，经营一家服装批发店，生意一般，高中学历，性格开朗，待人热情，善于沟通。希望生意能够更好，多元发展，赚更多的钱。

增员面谈的五个步骤：

第一步，寒暄开门

保险业务员：陈总，最近生意怎么样？肯定还不错吧？（赞美，试探提问）

陈总：哪里，生意越来越不好做了。（I 型人直接，喜欢吐槽）

保险业务员：不会吧，你这么有能力，头脑灵活，生意一定不会差啦，不知道多少人羡慕你有钱又有闲，早早地实现了财务自由。（高估他）

陈总：哪里啊！现在实体店被互联网冲击得太厉害了，我这小本买卖勉强够维持吧，天天守着这个店，一睁眼就是各种人工、铺租、水电、税收开支，头都大了。

保险业务员：不会吧？做老板应该很轻松啊，还受这么多东西影响？那你有没有考虑以后的生意怎么经营啊？什么时候能走出困境啊？（怀疑他）

陈总：现在的经济环境很难讲，未来边走边看吧！

保险业务员：也是，市场经济的事谁都不好说，那你有没有想过转型换点别的生意做啊？（关心他）

陈总：哪里敢想做别的生意？能把这个生意做好就不错了，再说了，别的生意都需要本钱的，投进去还不知道能不能赚钱，不敢随便投资啊。

第二步，自我经历说明

保险业务员：我非常理解你的感受，因为我曾经也是一个小企业主（讲自己的企业经营历程，就是做了很多生意都以失败告终），后来终于找到了一个很好的事业，既不需要投入资金，也不会有工商、税务的诸多麻烦，更不会受市场经济环境的影响，相反现在还受到国家的大力倡导与扶持，所以我越做越好，现在已经是一个拥有100人规模的高级经理了，每个月收入也有十几万。现在我们正在招募优质的高素质合伙人，这份事业非常适合你这样有能力、有魄力、希望长远发展的人。

陈总：一个月十多万？你说的是保险吧？之前很多人叫我去做保险，但我觉得我不适合干这个。

第三步，异议处理

学历低，不会卖保险

由于I型人要面子，生怕自己不会，在熟人面前丢脸，所以，保险业务员可以这样说：

我很理解你的感受，你别看我现在在你面前侃侃而谈，能说会道，其实我曾经跟你一样。我的学历也不高，刚进保险公司时也不会卖保险，甚至见到陌生人就脸红，更别说张嘴说话了，好几次我都觉得自己根本不适合做保险。

但是公司给了我很多锻炼的机会，有非常系统的培训体系，在成长的每个阶段都有人支持我、协助我、手把手教我。其实你现在的起点比我当初高多了，多年的生意经验练就了你的销售谈判能力和与人沟通能力，你的人际关系比我当初广多了，我都能取得今天这样的成绩，你还担心什么呢？再说我会手把手地教你，带你一起成长。

太多人做保险了，现在才做，入行太晚

I型人追求新颖、时尚，怕陈旧、过时的事物和工作，保险业务员可以回答：

我很理解你的感受，其实这只是个人的心理感受，与其说很多人做保险，不如说越来越多的人开始知道保险、了解保险、认可保险。而这也正说明寿险营销的前景好。国内的保险行业现在正处于蓬勃发展的井喷时期，举个例子，处于保险成熟时期的日本，平均每人拥有7张保单，而中国每10个人才拥有1张保单，相信做生意那么精明的你,一眼就能看出中国保险市场的潜力和空间有多大,会给许许多多的人提供成功的机会,所以现在加入正是时候!

第四步,推和拉两度促成

推:当对方有一定意向时,保险业务员要这样说:

陈总,我们今天谈了这么多,相信你心里也会有点儿想法,这样吧,我建议你先到我们公司来了解一下,最终的决定还是等你了解过后再说。这是一个双向选择的过程,因为我们公司对招募合伙人的要求也不低,筛选条件也是非常严格的,下周我们公司有个招募合伙人事业说明会,到时会有很多跟你一样正在寻找合适商机的人才去参加,我建议你去听一下,深度了解一下,同时也能多认识一些人,到时我再跟你联系怎么样?

拉:当对方还有一点儿犹豫时,保险业务员可以这样说:

陈总,我理解你的顾虑,重新开始一份事业是需要非常大的勇气和慎重考虑的,肯定不会这么快就做决定。

下周我们公司有个招募合伙人事业说明会,到时会有很多跟你一样正在寻找合适商机的人才去参加,我建议你去听一下,同时也能多认识一些人,不管能不能进入我们公司,多了解一份事业,多认识一些人,对你的未来肯定是有一些帮助的,到时我再跟你联系怎么样?

第五步,跟踪经营

保险业务员:陈总,我们公司对合伙人经常有企业经营管理类的免费培训课程,对优秀合伙人还有全球各地的免费旅游以及各种高峰会的表彰活动,相信你一定不会错过这么多有意义的活动,下周就有一个培训课程,要不你来参加一下?

I型人的增员金句:世上行业千万种,但只有寿险营销是不用资金投入,不用承担风险,完全由自己经营的事业。

I型人的增员痛点:墨守成规,没有挑战,没有新意的,收获不大的工作。

第六节
S 型人的增员话术与工具

> 客户张太太今年 30 岁,家庭主妇,老公是企业主,孩子 3 岁,性格文静内敛,生活随遇而安,没有多大的追求,做事慢条斯理,以家庭为重,就是有时感觉生活无聊,整天围着锅台转。

增员面谈的五个步骤:

第一步,寒暄开门

保险业务员:张太太,有段时间不见,最近气色蛮好啊,带孩子一定很幸福开心啦!真羡慕你时间自由,想睡到几点就几点,爽死了!(赞美,试探提问)

张太太:哪里,其实带孩子也很累的。(S 型比较含蓄,说话委婉)

保险业务员:也是,我身边好多跟你一样当家庭主妇的朋友,当初为了家庭放弃事业,现在都说宁可上班也不愿在家带孩子。(附和她、刺激她,S 型的人慢热,需要刺激)

张太太:是啊,都是为了孩子,为了这个家,有时做多了也挺烦的。

保险业务员:像你这么好的家庭条件,找了这么好的老公可以养着你,你老公一定很体贴你,经常给你带来惊喜吧?你在家里生活既轻松又没有压力,好幸福啊!(高估她,再次刺激她,打开心扉)

张太太:也没有啦,唉,家家有本难念的经。

保险业务员:不会吧?这么长时间待在家里会不会觉得朋友圈子越来越小了,生活的空间越来越窄,都快找不到自己当初的精气神了?(怀疑、关心她)

张太太:没想过哦,从结婚后就开始做家庭主妇了,这么多年了,我都不知道我还能做什么。

第二步，自我经历说明

保险业务员：我非常理解你的感受，因为我曾经也是一个家庭主妇（讲自己的或者别的伙伴的家庭主妇经历），做了10年家庭主妇，我真的太厌烦了，跟社会越来越脱节，整天就是一个围着锅台、围着老公、围着孩子转的"三围"女人，有时我就想难道我这一辈子就这样过了？后来我接触到我现在这份工作——保险行业，最初家人和朋友都反对，都不看好我，我坚定地加入这个行业，在这里我得到了锻炼的机会，以前见个陌生人都会脸红，现在站在几百人面前自如地讲课。我拥有了自己的团队、自己的经济自主权、自己的精彩生活。每年公司还会组织各种免费的培训，提升我的各种能力；组织各种表彰会和全球旅游奖励，让我眼界大开，提升了自信心，生活多姿多彩。我这才知道原来女人的生活不只是孩子和老公，还能如此有意义和价值。而现在的你就像当初的我一样，我都可以有这么大的改变，相信你也能有，其实你真的可以尝试一下。

张太太：你说的我都明白，之前很多人叫我去做保险，但我觉得我不适合。

保险业务员：你现在是不是还有什么顾虑？

第三步，异议处理

你们的压力好大，好辛苦啊

S型的人知足常乐，随遇而安，怕压力，保险业务员可以这样说：

我很理解你的感受，其实我曾经也跟你一样有这个顾虑。其实真正做起来，你会觉得保险并不是你想象的那么难，而对于你来说更没有多大难度，你的人缘那么好，为什么不利用人脉资源创造更大的价值，得到家人的高度认可呢？

你觉得压力大，首先是因为你对保险行业不太了解。现在社会竞争压力越来越大，你觉不觉得你先生做生意和以前相比也越来越难了？虽然这个工作有一定难度，但是我们有专业的教练，完整的一对一师徒制，会有人支持你、协助你。就像在游泳池学游泳一样，我们会像教练一样手把手教你，在你下水前我们会有系统的训练，下水后会有安全措施帮助你，等取消安全措施后，你就已经学会游泳了。你不觉得有专业的教练教你游泳比自己学习的成功概率更高吗？

我不适合，不好意思跟朋友开口

S型人性格内敛，不善于主动沟通，保险业务员可以这样回答：

我很理解你的感受，我刚开始也不敢跟人说我是做保险的。不过你要知道，像我们这种家庭条件比较好的家庭主妇，首先你不是为了钱，你的目的是要提升自己，为周围的人提供帮助，挣钱并不是我们最终的目的，因此我们压力会比较小，包袱没那么重。其次，我们有系统、严格的培训能帮助你更好地提升自己的能力，可以让你与时俱进，不至于与社会脱节。其实选择做保险有三类人：第一类人是为了收入，第二类人是为了提升自我，第三类人是为了经常免费旅游。你是属于哪一类？相信你绝对不是第一类，以你的实力，你身边的人都会认同你为了提升自己的能力才做出这样的选择。

第四步，推和拉两度促成

推：当对方有一定意向时，保险业务员可以这么说：

张太太，我们今天谈了这么多，相信你心里也会有点儿想法，这样吧，我建议你先到我们公司来了解一下，最终的决定还是等你了解过后再说。这是一个双向选择的过程，因为我们公司对招募合伙人的要求也不低，筛选条件也是非常严格的，下周×我们公司有个招募合伙人事业说明会，到时会有很多跟你一样想提升自己能力的人才去参加，我建议你去听一下，深度了解一下，同时也能多认识一些人，到时我再跟你联系怎么样？

拉：当对方还有一点儿犹豫时，保险业务员可以说：

张太太，我理解你的顾虑，重新开始一份新的事业是需要非常大的勇气和慎重考虑的，肯定不会这么快就做决定。下周我们公司有个招募合伙人事业说明会，到时会有很多跟你一样想提升自己能力的人才去参加，我建议你去听一下，同时也能多认识一些人，不管能不能进入我们公司，多了解一份事业，多认识一些人，对你的未来肯定是有一些帮助的，到时我再跟你联系怎么样？

第五步，跟踪经营

保险业务员：张太太，我们公司本周六有一个增员亲子活动，有许多宝妈都会带着孩子来参加，来感受一下我们公司的活动与团队氛围，还能多认识一些宝妈，要不你带孩子来参加一下？

S型人的增员金句：从事什么行业，开不开心是非常重要的，现在各行各业衔接紧密，大部分人的生活单调乏味，长期下去，心理受到压抑，好行业的标准之一，就是从业者的心情是否开心、快乐。

S型人的增员痛点：缺乏安全感，高压力、人际关系复杂的环境与工作。

第七节
C 型人的增员话术与工具

> 保险业务员的朋友李先生，30岁，大学本科学历，小学数学教师，家有2岁男孩，逻辑思维严密，沟通能力较强，工作稳定，社会地位高，个人素质比较好，空闲时间多，追求高品质的生活。

增员面谈的五个步骤：

第一步，寒暄开门

保险业务员：李哥，好长时间没有见到你了，感觉你很开心啊，你那么有能力，是不是又升职加薪啦？（赞美，试探提问）

李先生：升职倒没有，就是有了小朋友，所以回家多了份乐趣，可以享受天伦之乐。

保险业务员：真幸福，李哥你现在房子、妻子、孩子、车子都有了，工作稳定，收入不低，真是人生赢家啊！什么时候再来个二胎？（高估他）

李先生：二胎不敢想啊，一胎都还没带好呢！现在操心的事儿多着呢，工作算是稳定，可是工资也常年稳定，那点儿收入根本赶不上通货膨胀，孩子一出生，每个月固定支出又增加了一大笔，到处都要花钱，唉！（C型人天生想问题比较消极，容易看到问题的负面）

保险业务员：不会吧？你都觉得惨了，其他人还怎么过啊！你们老师日子挺舒畅的，一年还有两个假期，再加上兼职补课，外快就不少啦！（怀疑他）

李先生：我们小学老师不比中学老师，中学生的家长更重视孩子的学习成绩，老师补课外快赚得多。我现在虽说房车都有，问题是都要还贷款啊，马上孩子要上幼儿园了，还想上个好的幼儿园，我这点儿补课费贴进去都不够家里的开支。

而且现在当老师压力很大的，尤其是小学老师，学生小不好管，家长也不好惹，动不动就投诉，我们的绩效都跟家长投诉挂钩，所以压力好大。

保险业务员：你不说还真不知道，原来老师压力那么大啊！其实你的时间还是很充裕的，你就没有想着做点儿其他事，让家人生活更好一点儿？我觉得你这么能干又专业，其实可以尝试做点儿其他的。（关心他）

李先生：怎么没想过？做生意没有本钱，也没有渠道；做技术没有平台。其实我也一直在想这个问题，男人三十而立，我到现在也没有什么立起来的概念，所以只能继续做着这份谋生的工作了。

保险业务员：李哥，如果再给你一次机会让你重新选择，你会选择一份什么样的工作啊？

李先生：真不好说，至少工资要高，要有发展前景，别像在学校一样，进来就能看到几十年后的生活和工作，另外有挑战性的工作也蛮好。

第二步，自我经历说明

保险业务员：我非常理解你的感受，我以前也觉得工作只是一个谋生的手段，后来也是偶然的一个机会，听了一个合伙人的创业说明会，才改变了观念。工作一定要能给自己带来能力和收入的提升，这样才能在竞争越来越激烈的市场上站稳。什么工作也不可能干一辈子，所以还是趁年轻，多涉及能提升自己价值的工作，你说是吧？

李先生：我明白你说的道理，你是想叫我跟你去做保险吧？之前很多人叫我去做保险，但我觉得我不适合。

第三步，异议处理

1. 我对保险没有兴趣

由于 C 型人只对自己有兴趣的事物上心，保险业务员可以这样说：

我理解你的感受，你是一个很专业的人，也是一个追求高品质的人，也许你会这样说，是因为对保险这项事业有所误解，认为是一个推销的工作，赚朋友（客户）的钱，小生意，没有什么技术含量，无专业性可言。其实你可以深入了解后再决定要不要做，做保险也是一门很专业的学问，比如对于金融知识的专业要求，对于产品收益组合的搭配。我觉得李哥你是学数学出身的，这些对于你来说正好是专业度的体现。

再者，谈到兴趣，我的兴趣是摄影、音乐、旅游……寿险营销就是为了能早日实现我们有钱有闲的生活方式，然后依自己的兴趣而活，实现自己的梦想，而工作是看有没有前途，有没有长远的发展机会和实现自己的专业价值，只要你了解到寿险营销的真谛和潜力，相信你一定有兴趣去从事这项工作的。

我不喜欢推销

由于 C 型人沟通的主观能动性较弱，不太喜欢主动推销，所以，保险业务员可以这样劝他：

我很理解你的感受，曾经也不喜欢推销，因为推销员给人的印象往往是死缠烂打，油腔滑调。而现在的保险早就不是推销的时代了，保险营销员是在经营自己的事业，用自己的专业金融知识和营销策划活动，让客户体验式地感受到寿险是一份爱心的事业。寿险营销的精神是分享，这是一种本能，就像鱼天生就会游泳一样，如果你看到一个好的事物、一部好的电影，你会不会介绍给朋友？这就是分享，你认为公司的产品好，为何不介绍给亲朋好友呢？其实寿险营销事业中，你与客户的关系，只是正好客户需要保障，你正好有产品，如此而已，这是一个双向的选择。

第四步，推和拉两度促成

推：当客户已有意向时，保险业务员可以说：

李哥，我们今天谈了这么多，相信你心里也会有点儿想法，这样吧，我建议你先到我们公司来了解一下，最终的决定还是等你了解过后再说。这是一个双向选择的过程，因为我们公司对招募合伙人的要求也不低，筛选条件也是非常严格的，下周 × 我们公司有个招募合伙人事业说明会，到时会有很多跟你一样现在想实现自己价值的人才去参加，我建议你去听一下，深度了解一下，同时也能多认识一些人，到时我再跟你联系怎么样？

拉：当客户尚且犹豫时，保险业务员可以说：

李哥，我理解你的顾虑，重新开始一份事业是需要非常大的勇气和慎重考虑的，肯定不会这么快就做决定。下周我们公司有个招募合伙人事业说明会，到时会有很多和你一样不甘于现状，想实现自己价值的人才去参加，我建议你去听一下，同时也能多认识一些人，不管能不能进入我们公司，多了解一份事业，多认识一些人，对你的未来肯定是有一些帮助的，到时我再跟你联系怎么样？

第五步，跟踪经营

保险业务员：李哥，我们公司对合伙人经常有职业素养提升的免费培训课程，对优秀合伙人还有全球各地的免费旅游以及各种高峰会的表彰活动，相信你一定不会错过这么多有意义的活动，下周就有一个培训课程，要不你来参加一下？

C型人的增员金句：从事寿险营销，我们是以人品赢得收入，以专业赢得荣誉，以服务赢得尊重，我们可以拥有自己的天地，可以成为社会名流，可以实现财富自由，特别是当我们的客户感激我们的时候，我们赢得的更是无尚的尊严和光荣。

C型人的增员痛点：专业价值得不到体现，付出与回报不成正比，收益不清晰，模糊的工作。

总而言之，DISC性格分析是我们保险人在增员和展业上高速发展的助推神器，最后有一句话送给大家：

> 了解性格不是为了改变对方，因为我们不可能改变任何人，我们能做的只有不断调整自己，通过性格分析认识对方，用对方能明白和理解的沟通方式与对方沟通，进而达到事半功倍的效果。

学习心得

▼

在增员过程中,你遇过什么类型的人?最后结果如何?结合话术进行总结。

第四章

熟悉增员渠道及策略,
打通十大人群增募渠道

第一节
优秀合伙人选才方向与十大核心人物

> 作为保险公司的团队管理者，现阶段面临的最大问题不是去哪里增员或者增员多少人，而是我们要去寻找哪类人到我们的团队来。寿险团队已经完全走出"人海战术"阶段，正式步入"人才战术"阶段，未来保险团队的核心竞争力是人才的竞争，是团队文化的竞争，是团队经营模式的竞争。

要组织一个高素质团队，需要一群高素质的人才，作为管理者要清晰地认识到，在改变一个人和成就一个人之间，宁愿选择成就一个人。选对人能够让我们拥有更好的未来，选错人就会给我们带来严重的后患。在过去几十年的寿险业发展过程中，我们已经收获了充足的经验和教训，事实证明，一个团队在初创期选才的标准在未来是很难被动摇的。所以我们更建议寿险企业家为自己的团队打通一个高素质、高品质、高绩效的增员渠道。

结合近几年市场上的数据分析，我们寻找到十类核心的优秀合伙人，并对该类人员进行了详细分析，希望能帮助各位卓越的寿险企业家寻找到一条突破瓶颈的路，构建一种针对该类人群增募的方法论，掌握一套行之有效的增员系统，不要打无准备的仗，更不能在增募的过程中因为操作细节不理想而错失优秀的准增员。

十大钻石增员人群分析及增员关键词（如表4-1）。

表 4-1 十大钻石增员人群分析及增员关键词

人员特征	发展潜力描述	增员关键词
90后	市场成长核心力量	快速发展
全职太太	保险行业永远的中坚力量	家庭价值
在职妈妈	性价比最高的增募人群	自由自主
小企业主	最佳高速发展合伙人	成就梦想
个体工商户	最有潜力发展人群	平台创业
职场白骨精	最高素质人群	升职加薪
离退休公务员	大单集中地	社会价值
销售人员	精英集中社群	收入倍增
法务工作者	保险行业发展新星	专业价值
在职财务	绩优高手	职业转型

相信通过以上的定位和讲解，大家已经对各类人群构建了基本的形象认知。我们针对十大类准增员进行了为期3年的深入透彻的分析，结合百余场、万余人的研讨数据，分析出十大类人群的基本特征以及他们的增员要点。我们将运用合伙人招募计划的系统思维，为大家打通目标客群的增员系统渠道，并结合该类人群的增员痛点和痒点设计系统化的增员方案。每个团队可以结合自己未来的人才诉求，运用我们接下来分析讲解的人才情况进行人才的系统储备。

在此，我们需要特别说明的是，任何一类人群的增员策略都无法实现快速增员的目标，团队的人才积累需要日积月累，相信这是每个团队长都已经明白，并且做好心理准备的。我们现在要做的就是为钻石十年积累第一批优秀合伙人，并且基于我们为大家提供的系统，完成人才梯队的发展和迭代。系统的构建是一个长期而艰苦的过程，但是系统一旦构建成功就如同管道一样，可以源源不断地为我们提供优秀的人才。

我们为大家提供的主要是该类人群的增募策略和方法论，我们坚信，在各位读者的精心准备和系统运营的过程中，一定能够实现不断地优化和迭代。目前，我们在全国已经有很多寿险企业家，能够完整地依托魅力导师研究院所提供的这套运营体系完成团队的基础建设，未来我们期待收到更多企业家系统构建成功的案例分享，与大家一起分享系统化成长带来的无穷乐趣。

第二节
90后增募策略与工具

随着90后越来越多地步入社会，他们必将成为保险团队的主流。90后作为企业发展的后备力量，管理者要针对90后员工的个性特点、行为作风以及影响因素，来制定针对90后员工特点的人才增募新策略（如表4-2）。

表4-2 90后年轻人的特点

准增员定位	有创业梦想，不满足现状的90后
基本特点	喜欢冒险与创新
	刚刚成立家庭，有责任心
	追求自由，有朝气
	思想前卫，接受新事物能力较强
	有个人的价值诉求
	追求生活品质
	游戏人生
职业诉求	赚的多，干得少
	自由的工作环境，透明的晋升途径
	能够实现自我价值
	良好的办公环境
	快速发展和成长的平台
增员痛点	快速实现高收入的职业阶梯
	提供挑战的土壤和对应的培训
	有专业人士帮助成长
	自由、快乐的工作环境
	快速收获人生三桶金：资金、人脉、经验

90 后人群增员综述

90 后作为一批优秀的职场新星，有时候会被很多年纪较大的职场老手误解，大多数主管会认为 90 后特别不好管理，有太多自己的想法，而且很多想法不切合实际。当然，也有一些 90 后慵懒成性，让主管们谈之色变。但实际上 90 后是崛起的一代，他们有自己的个性化思维模式，这种思维模式也更适合服务和开拓 90 后客户。尤其是在职场中，90 后显示出来的强大爆发力和成长魄力是不容小觑的。

对于 90 后的增募和管理，最核心的词汇就是"个性"！主管只需要为他们创造良好的成长环境，搭建快速发展的平台，有的放矢地让他们自主发展即可。当然，在增募 90 后的时候，我们也要让他们感觉到我们的团队是一个阳光、正能量和活力无限的团队。所以在 90 后增募系统中，我们融入了活力与创新的元素，让他们觉得我们懂他们才是最重要的。

90 后增募系统

90 后增募的渠道和其他群体还是有一定差异性的（见图 4-1）。

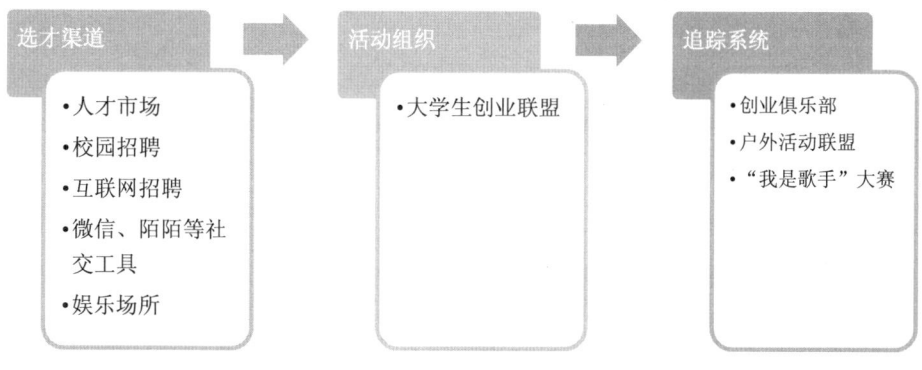

图 4-1　90 后增募系统的渠道

90后增募工具以及对应话术

（1）互联网邀约参考文案

> 在这个奋斗的年代，你选择打拼出自己的天地还是随波逐流？
> 在这个傲娇的时代，你选择做完美的自己还是被别人定义？
> ××创业团队招募合伙人：
> 带着你的热情和能力，不需要高额成本；
> 带着你的想法和努力，不需要一成不变；
> 我提供平台，你创造奇迹；
> 按部就班＝月收入5000；
> 小有成就＝月收入10000；
> 勤奋努力＝月收入20000；
> 拼搏奋斗＝月收入100000；
> 还等什么？约吧！

（2）人才市场（校园招聘）邀约参考文案

"你好，我们是××公司××团队的经理人，现在我们公司正在快速发展，需要招聘几位优秀的合伙人，公司提供平台，成长空间相对自由，收入跟我们的个人能力相匹配，如果做得足够好，还可以快速获得晋升。我看了你的简历，觉得你非常适合，明天公司会举办一个专门的大学生创业联盟说明会，你可以来听一下，这是邀请函，需要你确认签个字！"

（3）初次面谈流程

经理在跟90后初次面谈时，可以按以下流程（见图4-2）。

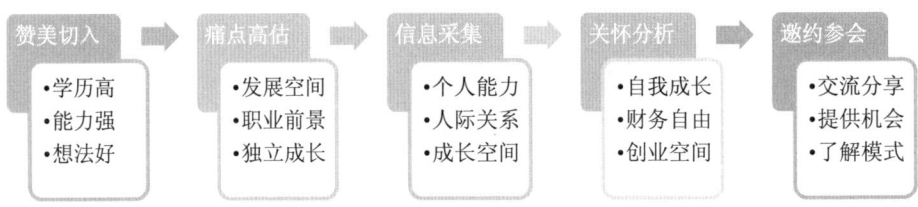

图4-2 初次面谈流程

（4）会后面试流程及注意事项（见表4-3）

表4-3　会后面试流程

目的	拿走担忧、成就梦想、促成进班
内容	树立做保险就是大平台创业的概念
	解决准增员的问题和困惑
	讲解自己的团队成长经历
	分析行业发展优势以及寿险业优势
面试问题	请问你未来五年的自我发展计划是什么？
	在打工和创业两个选项中，你更倾向哪个？
	你觉得对于你未来的发展，学历和能力哪个更重要？
	今天听了我们的创业交流分享会，有哪一点对你最有帮助？
	我们现在正在招募像你这么优秀的职业经理人，你对哪个岗位更感兴趣？是主管还是经理？

（5）会后追踪系统

自我价值体现（话题和增员痛点）

- 时间自由
- 发展自由
- 环境自由
- 晋升自由

快乐生活（粘性和活动要点）

- 快乐赚钱
- 快乐成长
- 广交朋友
- 游戏人生

参会人员追踪微信

××：

很高兴你能够按时参加我们的创业联盟会，今天跟你详谈才发现原来你是一个这么有想法的年轻人。你这么优秀的人才，相信未来一定会有很大的发展。今天你也系统了解了我们公司的平台，对我们的职场环境和发展空间都有了解，相信以你的能力驾驭这样的平台，快速发展一定没有问题。我们经理还特意叮嘱我，像你这么优秀的人，是要作为重点培养对象的，我建议你来参加复试和学习，这对你而言是一次非常棒的机会！

我们的复试安排在明天×点，我在办公室等你哦！

未参会人员追踪微信

××：

很遗憾，你没来参加我们的创业联盟活动。这次我们到场××位和你一样有想法、有魄力的年轻人，他们系统了解了我们的工作平台、未来的晋升和发展空间，还听了我们一位90后主管的分享，都表示受益匪浅。年轻人都有自己的想法，希望找到能够成就自己的平台，机遇到了一定要抓住！

我特别预留了本次活动的主要资料，还跟我们经理介绍了你的情况，经理说如果你有兴趣，可以单独帮你介绍一下，最近这两天约你，我请经理面对面给你讲一下这个工作机会吧，这真的很难得，你看你周几有时间？

会后朋友圈文案（见表4-4）

表4-4 会后朋友圈文案和注意事项

文案	大学生创业联盟——你想要的，我都有 创业缺平台，我们有全国平台和资源 创业缺资金，我们零风险、零投入 创业缺伙伴，我们有一群靠谱的人等你创造奇迹 创业缺培训，我们有最专业的培训和辅导 创业还缺啥？就缺你给我打个电话：××××××× ×月×日，××位大学生创业伙伴齐聚一堂，共商联盟大计；在成功的路上，我们正在召唤神一样的队友，游戏即将开局，就等你！ 名额有限，预约电话：××××××××××
注意	配图要发现场活动人较多的情况 配图要有现场游戏和互动的画面 配图要有现场和90后主管的合照（可以美图一下） 配图要有你的准增员表达感谢的微信截图

会后电话邀约话术

××，非常感谢你能够参加今天的创业联盟沙龙，你今天的表现太棒了！你是一个特别有想法、有创意的年轻人，相信你未来一定可以成就一番大事业！你看，今天我们也系统介绍了我们公司和我们行业未来的发展情况，我们领导也对你特别重视，还叮嘱我一定要让你来参加我们公司的培训，对你未来发展非常有帮助。你看我帮你先报个名，好吗？

异议 1：好是挺好的，但是我不想干保险

你说的意思我很理解，其实我让你来参加我们的培训，主要目的不是让你马上就决定做保险，而是希望帮助你更系统地了解我们行业，尤其像你这么优秀的人，我相信也不会很草率地做出决定。是否要来做保险，我们都无法马上做出决定。我们的新人培训，不仅讲解保险知识，还有职场的商务礼仪、日常沟通的基本能力，我觉得对你而言，既是深入考察的过程，也是深造学习的机会。这种机会你怎么能错过呢？我帮你报名吧！

异议 2：做保险收入不稳定

你说的意思我非常理解，很多人在不了解保险的盈利模式或者对自己的能力认识不足的时候，都会产生这样的错觉。如果你是一个 70 后，我觉得追求稳定很正常，可是像你这么优秀的年轻人，不用我说你也应该了解，现在哪里有稳定收入的工作呢？唯一能够保持长期稳定的方法就是让自己值钱，保险公司就是这样的一个平台。而且在你做保险的初期，我们公司为了保证你的收入相对稳定，还给创业合伙人提供了底薪，保证基本生活肯定没问题，我们现在要想的是，怎么通过这个平台快速赚到人生的第一桶金。公司给我们提供了很好的培训，帮助我们快速赚到钱，我建议你先来参加培训班，深入了解行业和自己的能力，再做决定。就算最后你选择放弃，这也是一次很好的免费学习的机会，不是吗？

（6）后续活动举办案例——动感地带创业社群

增募并不是一蹴而就的，尤其是初入职场的 90 后，总会有一些眼高手低的情况发生，所以我们要构建一个 90 后成长社群，让所有来参加过我们创说会的准增员加入进来，通过线上线下的定期维护与沟通，随时掌握准增员的工作和生活情况，通过线下小型聚会和沙龙，让 90 后更加深入地了解到保险工作的趣味性，最终实现增募的目标。图 4-3 是保险人后续活动的形式。

图 4-3　后续活动形式

第三节
全职太太增募策略与工具

在保险行业，有相当一部分销售员是全职太太，她们在团队中占有很大的比重，起着举足轻重的作用，这是一个不容忽视的准增员群体。那么，在增募全职太太时，需要哪些策略呢？表4-5是针对全职太太设计的增募策略。

表4-5　针对全职太太的增募策略

"三三三"原则	三十岁左右，孩子三岁以上，三年以上全职太太生活
基本特点	三围女人
	两套衣服
	关注孩子教育
	经济基础较好
	家庭观念强
	生活单调
职业诉求	工作环境好，有人协同
	丰富多彩的生活
	家庭与事业能够平衡
	提升家庭地位
	实现自我经济自由
	增强安全感
增员痛点	成为孩子的榜样
	提高生活品质
	时间自由，财富自由
	扩大人脉圈子
	与社会脱节
	个人能力下降
	家庭地位低
	没有经济自主权
	缺乏安全感

全职太太人群增员综述

全职太太在这么多年来,一直是各家保险队伍的主力军,毕竟保险行业的工作时间自由,对于全职太太而言吸引力极大。尤其是全职太太的爱心、责任心较强,对于保险的认可度容易培养。最近几年,我国全职太太的教育水平也大幅提高,全职太太在家庭中的地位和作用也日趋重要起来,如何让自己更有价值、生活状态更加美好成为现在大多数女性追逐的风向。

很多全职太太开始做微商,也是一个明显的职业诉求信号,所以在增员全职太太的过程中,多立足于女性的个人魅力和个人价值会带来更好的效果。

全职太太创说会增员模型

全职太太的增员也有自己的特点(详见图4-4)。

图4-4 全职太太创说会增员模型

全职太太增募工具以及对应话术

(1)互联网邀约参考文案

富有时不挥霍,贫穷时不寒酸,精神上有自己的爱好和追求,经济上有自己的收入和交往的圈子。独立,是一个女人最大的精彩。

对一个女人来说,当今社会,谁最可靠?

吃?不可靠!

穿?不可靠!

老板?不可靠!

老公?不可靠!

最可靠的就是自己，女人，活成独立的女神！

魅力女神打造进行时，约吗？

走进保险，女人更有气质；

走进保险，女人更有才情；

走进保险，女人更加忠诚；

走进保险，女人更加幸福；

保险，让女人成就精彩女神生活！

（2）全职太太增员面谈的五个步骤

保险管理者在跟全职太太面谈时，五个步骤更助于让你们沟通成功（见图4-5）。

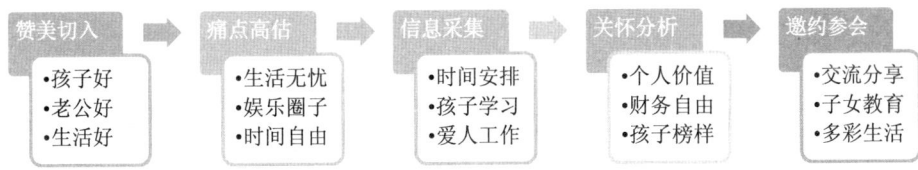

图4-5　全职太太增员面谈的五个步骤

（3）会后面试流程及注意事项

保险管理者在跟全职太太面试过程中，要遵循一些流程和注意事项（见表4-6）。

表4-6　会后面试流程及注意事项

目的	拿走担忧、成就梦想、促成上班
内容	树立做保险是全职太太平衡家庭与工作的最好平台
	了解准增员选择工作的自主性
	讲解个人或者团队中优秀宝妈的经典案例
	分析全职太太做保险的优势以及寿险业优势
面试问题	请问你除了照顾家人、孩子以外，自我提升规划是什么？
	在家庭地位提升和经济自主两个选项中，你更倾向哪一个？
	你有没有给自己规划过孩子长大以后的生活？你最向往什么样的生活？
	你今天听了我们的创业交流分享会，哪一点对你最有帮助？
	你觉得我们公司、团队里哪些是你最喜欢和关注的？
	如果你未来要从事一份工作，你希望获得怎样的帮助？

(4) 会后追踪系统

自我价值体现（话题和增员痛点）

- 时间自由
- 发展自由
- 经济自由
- 地位提升

魅力女神（粘性和活动要点）

- 快乐赚钱
- 精彩生活
- 广交朋友
- 女神人生

① 参会人员追踪微信

××妈妈，很高兴你能够按时参加我们的辣妈变形计活动，今天跟你详谈才发现原来你是一个这么有想法的妈妈。你这么优秀的人，相信除了把家庭打理得井井有条、和谐友爱以外，未来在事业上也一定会有很大的发展。今天你也系统了解了我们公司的平台，对我们的职场环境和发展空间都有了解，相信这个平台是为你这样优秀的人才量身定制的，我们经理还特意叮嘱我，像你这么优秀的人，是要作为重点培养对象的，我建议你来参加复试和学习，这对你而言是一次非常棒的机会！

我们的复试安排在明天×点，我在办公室等你哦！

② 未参会人员追踪微信

××妈妈，很遗憾，你没来参加我们的宝妈变形计活动。这次我们到场××位和你一样有想法，不甘于平庸的宝妈，她们系统了解了我们的工作平台、未来的晋升和发展空间，还听了我们一位曾经也是全职太太，现在已经是一名优秀的保险主管的分享，都表示受益匪浅。宝妈们不是没有能力，只是为了家庭暂时放弃了自己的事业发展；不是没有想法，只是为了家庭暂时收起了自己那颗不甘于平庸的心。所以在遇到合适的机会后，找到能够成就自己的平台，一定要抓住这个机遇！

我特别预留了本次活动的主要资料，还跟我们经理介绍了你的情况，经理说如果你有兴趣，可以单独帮你介绍一下，最近这两天我请经理面对面给你讲一下这个工作机会吧，这真的很难得，你看你本周几有时间？

③ 会后朋友圈文案（见表4-7）

表4-7　会后朋友圈文案和注意事项

文案	宝妈魅力变形计——女人·蜕变·华丽·转身 变形缺平台，我们有全国平台和资源 变形缺资金，我们零风险、零投入 变形缺时间，我们会让你很好地平衡工作与家庭的时间 变形缺培训，我们有最专业的培训和辅导 变形还缺啥？就缺你给我打个电话：××××××××××× ×月×日，××位宝妈齐聚一堂，共商华丽转身大计；在女性独立自强的路上，我们正在召唤神一样的队友，打造魅力女神，等你入席！ 名额有限，预约电话：×××××××××××
注意事项	配图要发现场活动人较多的情况 配图要有现场活动和比较开心的照片 配图要有到场嘉宾或者公司员工魅力四射的照片 配图要有现场和分享主管的合照（可以美图一下）

④ 会后电话邀约话术

××妈妈，非常感谢你能够参加今天的宝妈变形计活动，你今天的表现太棒了！你是一个特别有想法的宝妈，相信你未来一定可以做到家庭、事业双丰收！你看今天我们也系统介绍了我们公司和我们行业未来的发展情况。我们领导也对你特别重视，还叮嘱我一定要让你来参加我们公司的培训，更深入地了解我们这个行业与公司，对你未来发展非常有帮助。你看我帮你先报个名，好吗？

异议1：好是挺好的，但是我不想干保险

你说的意思我很理解，其实我让你来参加我们的培训，主要目的不是让你马上就决定做保险，而是希望帮助你更系统地了解我们行业，尤其像你这么优秀的人，我相信不会很草率地做出任何决定。是否要来做保险，我们都无法马上做出决定。我们的新人培训，不仅讲解保险知识，还有职场的商务礼仪、日常沟通的基本能力，我觉得对你而言，既是深入考察的过程，也是深造学习、提升自己能力和素养的机会。这种机会你怎么能错过呢？我帮你报名吧！

异议 2：但是你们的压力好大，好辛苦啊

我理解你的想法，毕竟你还没有真正接触过我们这个行业，我曾经也有跟你一样的想法（讲自己的经历），所以现在你不要考虑适不适合做保险，你先到我们公司了解一下，刚好周六我们公司有个新人培训班，你可以先学习一下，深入了解一下。

你觉得压力大首先是因为你对保险行业不了解。现在社会竞争越来越大，你觉不觉得你先生做生意和以前相比也是越来越难？虽然这个工作有一定难度，但是我们有专业的训练，完整的一对一师徒制，会有人支持你、协助你。就像在游泳池学习游泳一样，我们会像教练一样手把手教你，在你下水前我们会有系统的训练，下水后会有安全措施帮助你，等取掉安全措施后你就已经学会游泳了。你不觉得有专业的教练教你游泳比自己学习成功的概率高得多吗？

异议 3：我不适合，不好意思和朋友开口说保险

我理解你的想法和感受，因为我曾经也是这样的。当年我做保险不是为了钱，目的是要提升自己，为周围的人提供帮助，挣钱并不是我们的最终目的，所以这让我工作起来很轻松；其次我们有系统、严格的培训能帮助你更好提升自己的能力，可以让你与时俱进，不至于与社会脱节。其实选择做保险的有三种人：第一种人是为了收入；第二种人是为了提升自我；第三种人是为了好玩，可以经常免费旅游。你属于哪一类？相信你绝对不是第一类，这份工作会让你很好地配合家人事业，提升自我能力，同时还拥有共同价值观的事业伙伴。

⑤后续活动举办案例——宝妈社群

会后，保险管理者要记得举办后续活动（如图 4-6）。

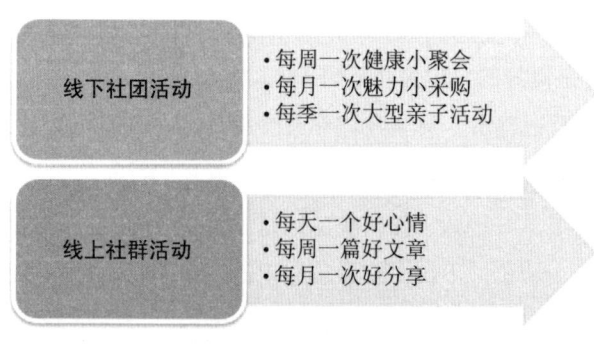

图 4-6　后续活动的形式

全职太太的增员并不是一蹴而就的，毕竟大部分全职太太已经习惯于家庭生活很多年，对于原本的家庭平衡关系很难快速打破，尤其是大部分全职太太处于没有个人决策权的状态，她们需要咨询家人的建议。所以在增募全职太太的时候，最大的阻碍是家人是否同意。作为保险行业的老兵，我们不要着急，因为这个时候准增员本人还没有了解到我们行业的魅力，我们可以经常邀约全职太太来公司跟我们一起参加社交活动，让她们看到另外一个世界，了解到自己更大的发展空间和可能性，相信最终一定会打动她们。

第四节
在职宝妈增募策略与工具

近年来,随着老百姓保险意识的提升,学历水平的提高,主动了解保险的群体越来越多。在这些群体中,在职宝妈游走于工作、家庭之间,她们对保险意识认知正确,社交圈广,目前正成为保险销售团体的主力军。

那么,什么样的在职宝妈更能胜任保险销售员这个角色呢?(见表4-8)。

表4-8 在职宝妈的特点

准增员定位	有稳定工作的职业女性,家庭稳定,有一个孩子,或者准备要二胎。
基本特点	高学历,学习力强 家庭责任感强 有个人的价值诉求 追求生活品质 对孩子的教育和照顾有强烈诉求
职业诉求	时间自由,可分配性强 安全、稳定、可靠的职场晋升途径 丰富多彩的工作形式 能够实现自我价值 更多的学习机会 可以接触更多的人脉
增员痛点	快速实现高收入的职业阶梯 需要一个更加透明和公平的职场环境 自由安排自己的家庭和工作时间 可以做一个有事业的辣妈

在职宝妈人群增员综述

女性在现代社会中所扮演的角色越来越多，也越来越重要。尤其是职场女性，要承担事业、家庭的双重压力。在我国二胎政策放宽以后，很多职场女性不得不面对要二胎还是要岗位的问题。毕竟在残酷竞争的职场上，没有任何岗位能够等你一年，很多职场女性正在面临着升迁晋级和家庭二选一的问题。自从国家实行二孩政策，很多家庭都期盼要两个宝宝，作为有两个孩子的妈妈，家庭角色的重要性不言而喻，在家庭里要平衡和教育两个孩子；在单位要更好地完成领导交代的工作，并且保持自己的职场优势不变。这两个问题对很多女性而言是不可调和的。但保险事业既可以让二胎妈妈很好地照顾家庭，又能实现职场晋升等事业上的诉求。所以，对于在职宝妈而言，保险行业是非常合适的选择。

在职宝妈增募系统（见图 4-7）

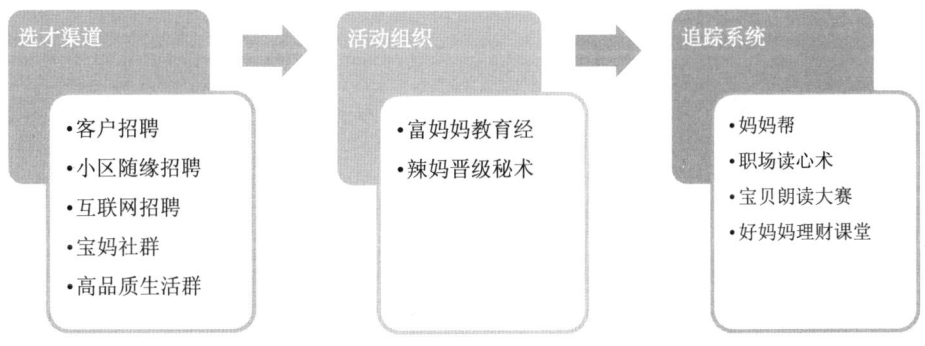

图 4-7 在职宝妈增募途径

在职宝妈增募工具以及对应话术

（1）互联网邀约参考文案

事业 VS 家庭，不再是鱼和熊掌！

作为新时代的魅力女性，

你值得拥有最好的自己，

如何寻找家庭和事业的平衡点？

如何保持职业晋级还能成为孩子的榜样？

在这个时代，把一切不可能变成可能就是属于你的奇迹！

塑造魅力职业女性，打造全新辣妈社群，

我在这里，你在哪里？

预约热线：××××××××××

（2）小区随缘邀约参考文案

你好，我们是××公司××团队的经理人，在这个小区里招募合适的区域服务经理，我们的工作时间比较自由，晋升又非常公平和透明，像你这样有过工作经验的辣妈最适合了。可以在不影响你照顾家庭和孩子的同时，实现职业生涯的晋升，另外也能够为你提供一些学习的机会，刚好这个周六就有一场"辣妈晋升分享会"，我们邀请的就是一位年收入百万的职场辣妈来分享如何平衡家庭和自己的事业，实现职级晋升，你可以来听一下。这是邀请函，需要你确认签个字！

（3）电话邀约参考文案

××，你好，我是××公司的××。一直都非常崇拜你能够把事业和家庭都经营得井井有条，在我心中，你一直是一个非常优秀的女强人。这次我们公司举办"职场辣妈晋升交流会"，让我们邀请身边优秀的职场辣妈，我一下子就想到了你。本次活动我们特别邀请了一位和你一样优秀的职业女性，给我们分析讲解女性在职场中如何保值增值、快速晋升，我觉得对你一定非常有帮助。你周六下午是否能抽出时间？我们一起去参加活动，还可以多认识一些朋友，喝喝茶、聊聊天也好。

（4）面试流程

保险管理者面试在职宝妈流程（见图4-8）。

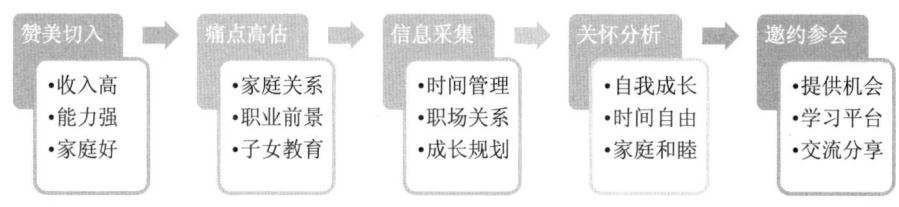

图4-8　面试在职宝妈流程

（5）会后面试流程及注意事项

会后面试流程及注意事项（见表4-9）。

表4-9 会后面试流程及注意事项

目的	拿走担忧、成就梦想、促成进班。
内容	树立做保险就是兼顾家庭和事业的最佳方式 分析职业女性的时间困惑和职场困惑 讲解团队中优秀辣妈的从业经历 分析保险行业的工作特质与多姿多彩的工作形式 讲解公司平台能够提供的学习和晋升的机会 分析公平、公正的晋升途径
面试问题	你现在对于家庭和事业的规划都有哪些？ 你觉得孩子的教育和事业的发展哪个更重要？ 在权衡家庭和事业的过程中，你觉得最困惑或者最难处理的主要是什么问题？ 如果让你选择一个新的平台发展，你最关心平台的哪些要素？ 我们现在正在招募像你这么优秀的职业经理人，你哪个岗位更感兴趣：经理，还是总监？

（6）会后追踪系统

事业家庭两不误（话题和增员痛点）

- 时间自由
- 成长空间
- 人际社交
- 孩子榜样

精彩生活（粘性和活动要点）

- 魅力宝妈
- 快乐旅行
- 辣妈运动
- 智慧生活

① 参会人员追踪微信

××：

很高兴能够和你一起参加我们的辣妈活动，我一直都非常羡慕你的事业和家庭，像你这样能够同时把两件事情都处理得井井有条的人真不容易。你这么优秀的女性正是我们团队希望寻找的合伙人，今天你也系统了解了我们公司的平台，对我们的职场环境和发展空间都有了解，相信以你的能力驾驭这样的平台，快速发展一定没有问题。我们经理还特意叮嘱我，一定要像你学习，诚意邀请你跟我们一起打造属于自己的事业。我建议你来参加复试和学习，这对你而言是一次非常棒的机会！

我们的复试安排在明天×点，我在办公室等你哦！

② 未参会人员追踪微信

××：

很遗憾，你没能参加今天的辣妈活动，今天现场一共来了××位跟你一样的优秀辣妈，一起交流和分享了关于职业发展和家庭子女教育的一些心得。现代社会的女人真的不容易，既要打理好家庭，还要能够拥有属于自己的事业，最重要的是自己还要活得精彩。我们都需要一个更好的发展契机和平台，既能够满足我们的收入水平持续上涨，还能够让我们自由享受生活。今天我们公司一位有两个孩子的宝妈分享了她的家庭与事业兼顾的经验，让我们深受启发。

我特别预留了本次活动的主要资料，还跟我们经理介绍了你的情况，经理说像你这样优秀的女性一定要认识一下，最近这两天我请经理面对面给你讲一下我们的公司平台吧，这真的很难得，你周几有时间？

③ 会后朋友圈文案

设计在职宝妈变辣妈文案时的注意事项（见表4-10）。

表4-10 在职宝妈变辣妈的朋友圈文案

文案	职场上你是女神，任意挥洒你的才华！ 家庭里你是女王，相夫教子样样俱到！ 朋友圈你是辣妈，多彩生活精彩纷呈！ 要做到这一切，你只需要一个平台，给你契机，助你成就！ 时间自由＋财务自由才是真的自由。 女神，我们在等你！ 名额有限，预约电话：××××××××××
注意事项	配图要发现场活动精致的及职业女性准增员的图片 配图要有现场游戏和互动的画面 配图要有大家一起走秀、品质生活等吸引眼球的图片 配图可以有现场精致摆件例如鲜花、包包、签名墙等图片 配图要有你的准增员表达感谢或者学习分享的微信截图

④ 会后电话邀约话术

××，非常感谢你能够参加今天的辣妈活动，你的能力真的让我非常羡慕，通过今天的分享活动，相信你也了解了我们公司的平台，最重要的就是我们的工作模式真的非常适合像你这样既有事业心又有责任心的辣妈。做一个自由职业的成功女性才是未来发展的趋势，现在公司有一个特别好的新人培训班，可以帮你更深入地了解我们的产品和工作模式，我帮你先报个名，好吗？

异议1：保险公司有业绩压力，我干不了啊

你说的意思我很理解，刚开始进入保险公司的时候，我也很害怕传说中的业绩压力，但具体工作了才知道，我们其实就是保险公司的代理商，公司并没有什么硬性的考核指标，只是我们要维持自己的生活品质或者需要获得更多的旅游、表彰机会才会愿意去冲刺一些目标，这些目标主要是为了帮助我们快速成长。没有压力就没有动力，在这个过程中，最终受益的还是自己。现在你还不了解我们公司的具体情况，以你的能力这点业绩目标轻轻松松就可以完成，我们的新人培训班会更详细地让你了解我们的产品以及晋升标准，我帮你报名参加一下吧！

异议2：我怕我的同事、家人反对

你说的意思我非常理解，对你而言现在更换一份工作无疑是要承担风险的，毕竟你现在既要照顾家庭，又要承担一定的经济压力。但是你是否想过，继续这样的生活风险更大。家人和同事的反对是为了更好地保护你，但是其实你并不是一个甘于平庸的人，完全可以更好地平衡家庭和事业，成就自己的梦想。只要你未来做得足够好，我相信，你的家人和朋友也会为你骄傲，以你为荣。公司给我们提供了很好的培训，帮助我们快速赚到钱，我建议你先来参加培训班，深入了解行业和自己的能力，再做决定。就算最后你选择放弃，这也是一次很好的免费学习机会，不是吗？

（7）后续活动举办案例——辣妈社群

在职宝妈的后续举办活动形式（如图4-9）：

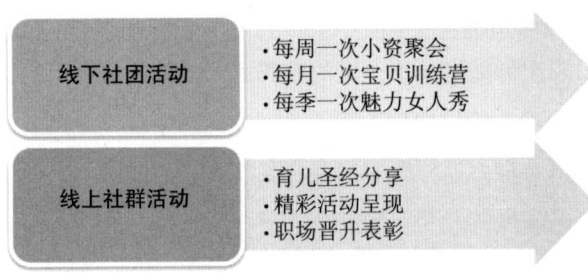

图 4-9　在职宝妈的后续举办活动形式

在职宝妈的整体素质以及独立判断能力都要远远超过全职太太，她们对个人事业的追求远高于普通人。每个人都希望自己能够家庭、事业双丰收，因此在增员在职宝妈的过程中，呈现团队多姿多彩的工作场景以及生活场景会更能吸引她们。即便短期内，由于家庭稳定的原因，在职宝妈没有马上选择我们的团队，但是从长期来讲，职场上会遇到各种各样的困难，我们只需要持续跟踪和关心优秀的准增员，就可以产生更多的机会增员她们到我们的团队中来。

第五节
小企业主增募策略与工具

在保险行业中,活跃着这样一群精英,他们富于创新,有干劲儿,对事业有激情;他们曾经创业,或者有自己的商铺;他们有着强烈的自主经营意识,甘于吃苦,其中有很多人不但把公司或是店铺经营得很好,而且还成为保险公司一支极其重要的力量。这些人就是小企业主。

那么,具备什么条件的小企业主能够成为保险合伙人呢?(见表4-11):

表4-11 小企业主的特点及增员渠道

准增员定位	寻找转型、突破的,或者寻找多元化、多渠道发展的中小企业主。
基本特点	有企图心、事业心、进取心、创业精神
	懂得企业运营与管理
	具备较强的经济实力
	应酬较多,无时间陪伴家人
	是家庭的经济支柱,生活压力大
	抗压、抗风险能力较强
	肯吃苦耐劳
	有一定的人脉资源
	有团队组织发展的格局
职业诉求	能够更好地帮助团队
	学习团队的经营管理
	找到更大的平台合作
	低成本甚至零成本的投资项目
	多渠道的业务收入来源
	可持续发展的朝阳行业
	拥有自主经营的团队组织
	成为一个颇具规模的成功企业家

(续表)

增员痛点	投资项目落后于市场发展，不具备可持续发展的趋势
	企业转型在即，却难以突破发展，处于瓶颈期
	逐年提升的成本、利润却降低的鸡肋业务
	现金流的短缺，资金的回笼效率低下
	业务收入渠道的单一化，风险较大
增员渠道	各城市大小商会、同乡会、企业主协会
	各种线上、线下社团组织：车友会、登山群、徒步群
	各种娱乐健身会所的会员：高尔夫、红酒、健身房、茶馆、足浴城、游艇会、KTV
	各城市针对企业主的培训班及会务：总裁班、论坛、交易会等等

◆ 小企业主人群增员综述

小企业主是目前为止保险行业增员的中高端目标群体。我有一个学生，他的整个团队的成员都是在其他行业较成功的小企业主。该类人群天然具备企业家精神，对于团队的组建、企业化运营管理以及行业趋势的分析较其他人群更具有优势。尤其是部分企业老板看懂保险行业的平台化运作优势以后，更乐于加入到保险行业中来。这些优质的准增员人群进入行业的起点就要高于其他人，尤其是对于未来的发展规划，企业老板会更趋向于成为大团队长。只是该类人群的增员难度也是最大的，增员企业老板的时候，谈收入并不能打动他们，要想增员到他们，我们应该更多的致力于行业、趋势以及平台化运营模式的介绍和讲解。把我们的行业优势、公司优势、团队优势有效地展现给准增员，并且说明合作模式，告知未来的发展平台，持之以恒地保持联系，才能最终打动他们。

◆ 小企业主创说会增员模型

小企业主创说会增员模型（见图4-10）。

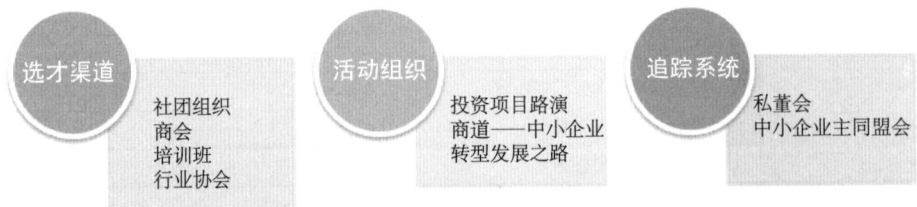

图4-10 小企业主创说会增员模型

第四章 熟悉增员渠道及策略，打通十大人群增募渠道

 小企业主增募工具以及对应话术

（1）互联网邀约参考文案

经济结构转型、零售时代到来、互联网冲击，

当我们抱怨实体不好做的时候，马云正在开无人超市，

并不是生意不好做，而是做生意的方式不一样了。

雷军说：当暴风雨到来的时候，猪站在风口上都能飞起来。

下一个风口在哪里？

国家支持、零风险、市场空间巨大、盈利模式被论证过，

中小企业转型路演活动报名开始！

预约电话：××××××××××

（2）小企业主增员面谈的五个步骤

小企业主增员面谈的五个步骤（见图4-11）。

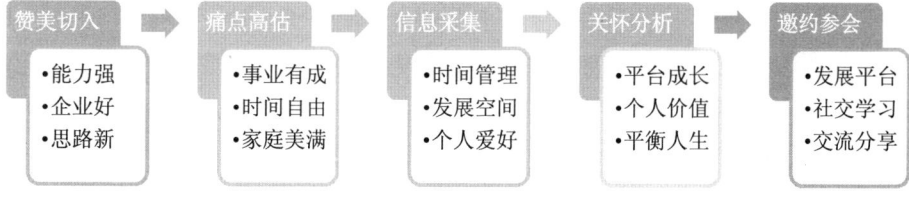

图4-11 小企业主增员面谈的五个步骤

（3）会后面试流程及注意事项

会后面试流程及注意事项（见表4-12）。

表4-12 会后面试流程及注意事项

目的	拿走担忧、成就梦想、促成进班
内容	树立做保险是中小企业主转型最好平台的意识
	分析市场竞争环境以及企业危机
	分享企业家精神以及企业文化的内核
	讲解自己团队成长的历程以及发展愿景
	分析中小企业主做保险的优势以及寿险业优势

（续表）

面试问题	请问你未来五年的事业与个人规划是什么？
	在固守本业和多元发展两个选项中，你更倾向哪一项？
	你觉得对于你未来的发展，企业经营和个人能力哪个更重要？
	今天听了我们的创业交流分享会，你对保险行业的平台型发展有怎样的看法？
	我们现在正在招募像你这么优秀的企业家转型，你对哪个岗位更感兴趣，经理，还是总监？

（4）会后追踪系统

自我价值体现（话题和增员痛点）

- 渠道多元化
- 零成本投入
- 可持续行业
- 寿险企业家

成功人生（粘性和活动要点）

- 资源整合
- 盘活客户
- 广交朋友
- 拓宽渠道

① 参会人员追踪微信

××老板：

很高兴你能够按时参加我们的中小企业主转型项目路演活动，今天跟你详谈才发现原来你是这么有想法、有远见的一个老板。你这么优秀的人，相信未来在事业上也一定会有很大的发展。今天你也系统了解了我们公司的平台，对我们的职场环境和发展空间都有了解，相信这个平台是为你这样优秀的企业家量身定制的，我们总监还特意叮嘱我，像你这么优秀的人，是要作为重点培养对象的，我建议你来参加复试和学习，这对你而言是一次非常棒的机会！

我们的复试安排在明天×点，我在办公室等你哦！

② 未参会人员追踪微信

××老板：

很遗憾，你没来参加我们的中小企业主转型项目路演活动。这次我们到场××位和你一样有想法、有远见的企业老板，他们系统了解了我们的工作平台、未来的晋升和发展的空间，还听了我们一位曾经也是中小企业主，现在已经是一名优秀的寿险企业家——我们的××总监的分享，都表示受益匪浅。在事业经营的十字路口，人生陷入"忙、盲、茫"的时刻，遇到一个合适的机会，找到能够成就自己的平台，一定要抓住这个机遇，让自己的事业焕发第二春！

我特别预留了本次活动的主要资料，还跟我们总监介绍了你的情况，总监说如果你有兴趣，可以单独帮你介绍一下，最近这两天我请总监面对面给你讲一下这个工作机会吧，这真的很难得，你本周几有时间？

③ 会后朋友圈文案

会后朋友圈文案及注意事项（见表4-13）：

表4-13 会后朋友圈文案及注意事项

文案	小企业主转型项目路演活动 转型缺平台，我们有全国平台和资源 转型缺资金，我们零风险、零投入 转型缺项目，我们有当下国家政策大力扶持、具有长远可持续发展的投资项目 转型缺培训，我们有最专业的培训和辅导 转型还缺啥？就缺你给我打个电话：×××××××××× ×月×日，××位老板齐聚一堂，共商企业转型大计；在事业不断壮大、发展的路上，我们正在招募一批优秀的人才，打造卓越寿险企业家，虚位以待，等你入席！ 名额有限，预约电话：××××××××××
注意事项	配图要发现场活动人较多的情况 配图要有现场主讲嘉宾关键案例或者触动人心的PPT画面 配图要有现场和分享总监的合照（可以美图一下） 配图要有你的准增员表达感谢的微信截图

④ 会后电话邀约话术

××老板：

非常感谢你能够参加今天的中小企业主转型项目路演活动。你是一个特别有想法、有远见、有魄力的老板，相信你未来一定可以大展宏图！今天我们也系介绍了我们公司和我们行业未来的发展情况。我们领导对你也特别重视，还叮嘱我一定要让你来参加我们公司的培训，更深入地了解我们这个行业与公司，这对你未来发展非常有帮助。我帮你先报个名，好吗？

异议1：我可不能干保险，多没面子

你说的意思我很理解，像你这样优秀的成功人士选择行业的时候一定会综合性考虑，尤其是对于自己现阶段的人脉资源整合是否有帮助。几年以前，我们身边还有很多对保险有误解的人，包括对保险从业人员也有很多误解。但是你看，现在有非常多的企业家都投身到保险事业中，原因是他们看懂了行业发展趋势以及未来的发展方向。其实你一定能够感受到，现在你的朋友和下属之所以敬佩你、尊重你，更多的是因为你努力打拼到现在的经济实力和地位。

以你的能力，在保险公司也一定不会只做一个业务人员，同时可以成就你的寿险企业。到时候，别人对你的敬佩就不单单是因你的经济实力了，还有你的专业能力以及成人达己的胸怀。

像你这样的成功人士选择一个行业绝对不会草率地做决定。我们的培训班就是一次让你深入了解行业以及认识更多寿险企业家的机会。你不妨权当一次交流学习和放松的机会，深入了解一下。我帮你报个名，好吗？

异议2：我现在公司很忙，哪有时间干保险啊

你说的意思我很理解，像你这样的成功人士，一定是非常忙碌的。我想每年除了忙碌自己公司的事情，还在不断寻找新的投资项目，寻找更好的发展平台和契机吧！以你的能力，只要给你一个机会，就可以做得非常成功。

其实保险行业就是给你提供一个新的投资渠道和发展平台而已。你并不需要放弃你现有的事业，反而可以两个事业并驾齐驱、相辅相成。而且保险公司还有很多培训福利，像你这样的老板，每年花费在培训上的经费也是非常可观的，保险企业家们每年可以接受来自全国各地优秀培训师的培训，还可以出国旅行培训等等，这些也是非常棒的资源。比如我们马上要开始的新人培训，就是我们公司很多寿险企业家的生意经分享，我非常诚挚地邀请你先来交流学习、深入了解一下。

⑤ 后续活动举办案例——平衡人生（见图4-12）。

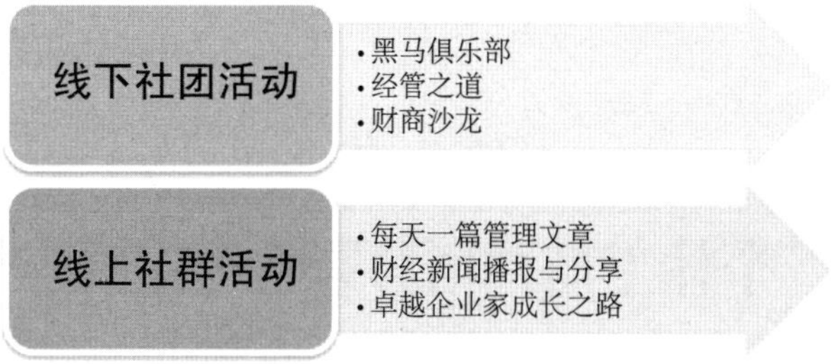

线下社团活动
- 黑马俱乐部
- 经管之道
- 财商沙龙

线上社群活动
- 每天一篇管理文章
- 财经新闻播报与分享
- 卓越企业家成长之路

图 4-12　后续活动形式

小企业老板由于有自己的企业，在选择保险行业的过程中，遇到的实质性困难和问题都非常严峻，比如管理企业的过程中，能否抽身出来做保险。毕竟已经是企业老板，他们要做事情就一定会思量清楚，把事情做好，所以我们要有足够的耐心和信心。我们应该把保险行业的发展趋势以数据化形式呈现给我们的目标准增员，让他能够更加客观、清晰地了解行业，同时也要向对方呈现企业家应有的创业精神和团队荣誉感。让我们的目标准增员对我们的团队文化产生好感，同时了解对方的发展规划，最重要是把保险事业包装成他的二次创业项目。只要我们树立保险行业是平台型创业项目的观念，就有更大的机会增员成功。

第六节
个体工商户增募策略与工具

为了鼓励大众创业,鼓励保险公司提供更加专业便捷的保险服务,保监会下发了《关于华泰财产保险有限公司专属代理门店试点有关事项的通知》,鼓励个人开办专属保险代理门店,促进保险业快速发展。

那么,具备什么条件的个体工商户才能成为保险合伙人呢?(见表4-14)。

表4-14 个体工商户特点

准增员定位	年收入50W以下,希望改善目前生活状态的个体工商户
基本特点	吃苦耐劳,压力大 人际关系广,爱面子 赚钱欲望强烈,有贷款 凡事亲历亲为 学历不高 一般家里都有孩子,部分有二胎 休息时间较少 以自我为中心
职业诉求	赚的多、风险小 有成就感,有地位 减少应酬,时间自由 投资小,回报高 税率低,有市场前景
增员痛点	传统行业政策风险大 零成本创业 时间自由,发展空间大 人际关系圆融,可持续利用

个体工商户人群增员综述

个体工商户也是非常优质的增员对象,这类人群的赚钱欲望很高,有销售和管理经验,有自己固定的社交群体,在保险行业很容易成功。目前普遍存在门店盈利受冲击,夫妻店经营不善的现象。他们的外部信息获取方式比较单一,个人的提升空间较小,每年营业时间几乎可以达到365天,需要一个契机改善个人和家庭的生活模式,并且获得更大的成长空间。一旦进入保险行业,凭借他们原本的社交圈子和自己多年的销售、客户维护的经验,很容易成功。

个体工商户创说会增员模型(见图4-13)

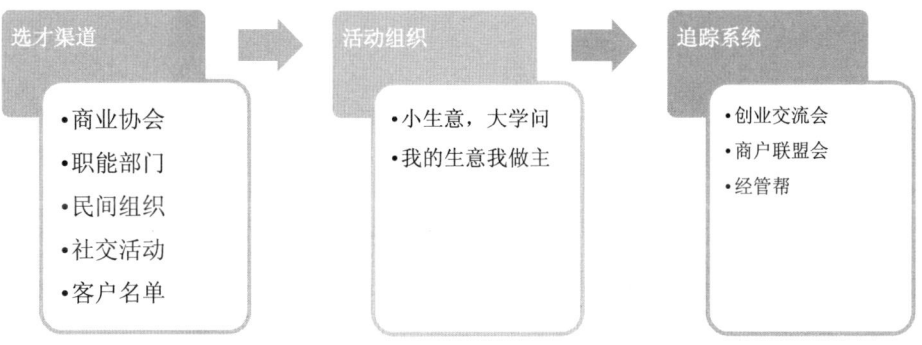

图4-13 个体工商户创说会增员模型

个体工商户增募工具以及对应话术

(1)陌拜邀约话术

你好:

我是××公司的销售经理,我们公司就在你的店附近,我们经常路过你这里,觉得你这边的生意做得非常棒。最近我们公司要举办一场免费的生意经交流会,希望能够邀请到附近做生意好的老板,一方面提供平台,让大家可以抱团取暖,提升销售业绩;另一方面,也交流一些销售管理经验。我们也特别邀请了一位多年经营门店,并且做得很好的经理分享他的经验。希望能够为你提供更多的思路,帮你的生意再上一个台阶。

你可以留下你的联系方式，我作为备案，会提前通知你一些准备事项。这次活动是体验式的，为了让你的参与效果更好，我会随时跟你保持联系。

异议1：这是什么活动？具体要做什么？

这是一个企业老板交流分享沙龙，活动全程都是免费的。我们的目的当然就是认识更多像你这么优秀的老板，也为了让我们之前的客户有机会听到不同的人做分享。其实你做生意跟我们做销售是一样的，都要了解行业趋势、掌握新的营销技术、做好渠道管理。越多的经验积累，对我们的业绩提升越有帮助。你说对吗？就算我们这一次活动不能帮你快速改善业绩，让你多认识几个朋友总是好的吧？

异议2：我没时间去参加啊

像你这么优秀的老板，时间一定非常宝贵，所以我们特别安排在周×下午，一般这个时间店里生意不是最繁忙的时候，可否让你爱人或者你的店员帮忙看一下店。我们的活动大概也就一个小时，我想花费一个小时的时间交流和提升，你一定是愿意挤挤时间的。我帮你先约上，等活动开始前，我再跟你确认，可以吗？

（2）老客户选才邀约

① 朋友圈文案参考

朋友圈文案及注意事项（见表4-15）。

表4-15 朋友圈文案及注意事项

文案	生意好不好，老板很重要 业绩好不好，营销很重要 懂趋势的猪都飞起来了 会经营的鸟都赚大钱了 每天死守自己的阵地，从不走出来，你已经输了一半 每日重复无聊的工作，从不细思考，你又输了另一半 "小生意，大学问"门店经营管理交流沙龙即将开启。只要你有过独立创业经验，只要你正在打理自己的小店，本沙龙就是你事业腾飞的关键契机。欢迎加入！ 门票索取电话：××××××××××
注意事项	配图要有我们的报名广告和自己的二维码 要@十位重点关注的客户 每天下午15：00发送效果最好

② 电话邀约话术

××，你好，我朋友圈发的那个资料你看了吗？你是我的朋友中生意做得最好的，而且特别有头脑，我们领导一说到这个活动，我第一时间就想到了你。我们这个活动是专门为你这样的老板准备的。能够现场交流生意心得、分析行业趋势，还能帮我们解析做生意的一些小学问，我相信你一定会受益匪浅的。这样吧，我给你送一份邀请函去，再给你详细介绍一下，好吗？

异议：我这点小生意有什么好交流的？

你太谦虚了，你的生意可不是什么小生意，能坚持做这么久，这么好，你一定有自己的秘诀。你不方便给我们透露没关系啊，就当参加一次社交活动，多认识一些朋友，也让自己放松一下。我们的活动现场还会讲解一些新的行业趋势和代理项目，对你也许有帮助呢！

（3）转介绍话术

××老板，你好！我是××的朋友，××公司的销售经理，很高兴认识你。

很久以前就听××说你是一位特别有魄力，又善于经营管理的企业老板。一直希望有机会认识你，又不方便打扰。这次我们公司举办"小生意，大学问"的老板交流会，××也来参加过，他还特别跟我说，一定要邀请你也参加一下。给你打电话，就是跟你确认一下，看看你什么时间方便，我把活动邀请函给你送过去。

（4）初次面谈流程（见图4-14）

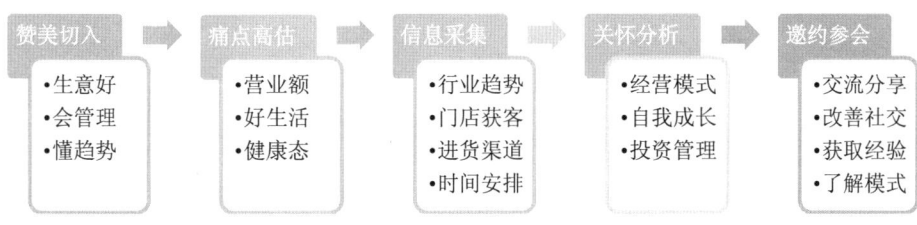

图4-14 初次面谈流程

（5）会后面试流程及注意事项

会后面试流程及注意事项（见表4-16）。

表 4-16　会后面试流程及注意事项

目的	拿走担忧、成就梦想、促成进班
内容	树立做保险就是大平台创业的理念
	分析现在的零售行业发展趋势
	讲解自己的从业经历或者部门原个体工商户的成长经历
	介绍部门发展历程以及发展规划
	分析代理保险生意与传统生意的区别
面试问题	请问你对我们的盈利模式是否了解？你觉得这种模式哪里最好？
	请问目前你的门店经营情况如何？你对你的门店未来有何规划？
	如果外部环境不变，你认为你的规划何时能达成？
	你觉得在你达成目标的过程中，最大的障碍是什么？
	如果你代理我们的项目，你会如何做？

（6）会后追踪系统

职业生涯（话题和增员痛点）

- 晋升空间
- 收入情况
- 发展空间
- 工作环境

品质生活（粘性和活动要点）

- 咖啡文化
- 健康运动
- 家庭教育
- 社交读书

① 参会人员追踪微信

××老板：

非常感谢你能够参加我们的小企业经营沙龙，相信今天的活动一定让你有所收获。你在这次活动中表现太棒了，我们经理对你非常关注和青睐，他一直说你是一位有头脑、懂管理的企业家，希望能够借助我们的平台，帮你实现事业的二次腾飞。

因为这次活动现场人数多的原因，我们不能根据每位嘉宾的情况进行深入解析，像你这么优秀的老板，一定是要系统了解和规划后才能考虑是否加入我们的平台，所以我帮你预约了我们经理，明天×点，请问你方便吗？我们一起聊一下接下来的规划，我在办公室等你哦！

② 未参会人员追踪微信

××你好：

很遗憾，你没有参加我们举办的小企业经营沙龙。这次我们到场××位优秀的老板，我们的分享嘉宾现场分享了小企业经营过程中的五大困惑，也解读了目前我国创业型企业的核心问题，大家都表示收获很多。最重要的是，我们对未来的行业发展趋势和我们公司的平台代理项目也做了推荐，很多老板都非常感兴趣。这么好的机会，错过了就太可惜了。

我帮你预约我们经理单独跟你沟通一下，最近这两天约你，一起了解一下，好吗？

③ 会后朋友圈文案

会后朋友圈文案及注意事项（见表4-17）。

表4-17 会后朋友圈文案及注意事项

文案	××位老板齐聚一堂，畅谈生意经！ 你了解你的行业发展趋势吗？ 你体会到做老板的不容易了吗？ 你是否正在资金周转的困境中？ 你是否终日陷入琐事不能自拔？ 做老板不容易，小生意，大学问！ 选对行、做对事、找对合作伙伴、代理合适的产品。他们正在改变，你准备好了吗？ 第二期"小生意，大学问"系列活动正在火热报名中 抢票热线：×××××××××××
注意事项	配图要发现场活动人较多的情况 配图要有大家填互动交流的图片 配图要有现场和主讲嘉宾的合照 配图要有你的准增员表达感谢的微信截图

④ 会后电话邀约话术

××，非常感谢你能够参加今天的小企业经营沙龙，你今天的表现太棒了！相信你也对我们的行业和经营模式有了更深入的了解。我们这个平台特别棒，保险行业目前是国家支持的行业，而且我们代理不需要任何资金投入，公司还给我们提供一系列的培训，我觉得一方面能让你再次创业成功，另一方面对你现在的生意也是一个促进。我特别约了我们经理，帮你再详细分析一下，你看明天有时间吗？

异议1：好是挺好的，但是我不想干保险

你说的意思我很理解，做生意的事情也不是说定下来就能马上定下来的。其实我约你来再次深度沟通，是希望你能够更清晰地了解我们公司。像你这样的成功人士，一定不会轻易做决定，更不会错过一个机会。我们接下来有新人培训班，会更系统地讲解我们的行业、公司的发展还有一些基础的销售课程，相信对你做出明确的判断也是有帮助的。再说，就算最后你还是决定不做保险，多一些培训学习的机会不也非常好吗？

异议2：我也想学习啊，但是我这边忙，走不开！

像你这么优秀的老板，一定是非常忙的。你的店估计离开你就会受到影响，但是如果这是你所在行业的行业分析会呢？你再忙都会抽时间去了解一下。这几天的时间，只要你有学习的欲望，是一定能够抽出时间来的。都说保险公司的培训做得最好，很多老板想找关系来听都不容易，你现在有这么难得的机会，一定不要错过。相信你可以安排好店里的事情，我先帮你报个名，或者到时候我去帮你看着店，可以吗？

（7）后续活动举办案例——经管帮（见图4-15）：

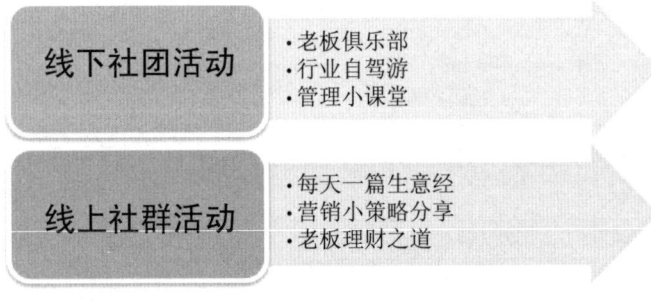

图 4-15 后续活动形式

个体工商户相对于企业主更容易被动摇，因为他们的生意稳定性不高，但是大部分个体工商户习惯了我行我素，到保险公司上班对他们而言最大的挑战是要被约束，我们应该多向他们展示我们工作的自由、自主的一面。他们也是一群非常精通销售的群体，所以对于利润空间的计算以及未来发展的平台都非常在意，我们应该更多地向他们展示公司优势。多关注个体工商户的经营情况，他们的经营淡季就是我们增员最好的时机。

第七节
职场"白骨精"增募策略与工具

> 顾名思义,在职场上,地位最高者往往被称作"白骨精",即白领、骨干、精英。现在的"白骨精"一般都是有房、有车一族。那么,符合什么条件的"白骨精"更容易成为保险合伙人呢?(见表4-18)

表4-18 职场白领特点

准增员定位	年收入10～30万的企业在职白领
基本特点	教育程度高,接受能力强 注重生活品质,渴望他人认同 工作内容固定 工作时间固定 工作交际圈固定
职业诉求	高收入、高职级 社会身份认同感 行业发展前景好 良好的工作环境 有学习晋升机会
增员痛点	两点一线,社交圈狭窄 持续加班,付出与收入不成正比 晋升不透明,奖励不及时

 职场白骨精人群增员综述

职场精英是中国未来精英阶层的主要代表,他们具有良好的教育背景,对于任何新事物都具备独立思考的意识。尤其是近几年,随着保险行业的社会认可度不断攀升,白领人士对保险行业和保险从业人员的认知发生了巨大的转变,因此,

增员起来更加容易。

在目前全民创业、万众创新的时代，任何人都希望实现自己的社会价值，一直在公司工作的精英阶层也不例外。职场如战场，不是单凭个人能力就能够实现自己职涯发展的。很多职场精英不但对个人的外职涯发展有着自己的规划和诉求，对内职涯的成长也是非常看中的。如果我们能够给他们提供良好的学习环境、社交平台、兴趣社群以及公开透明的晋升环境，对于大部分职场精英而言，有着非常大的吸引力。

◆ 白领创说会增员模型（见图 4-16）。

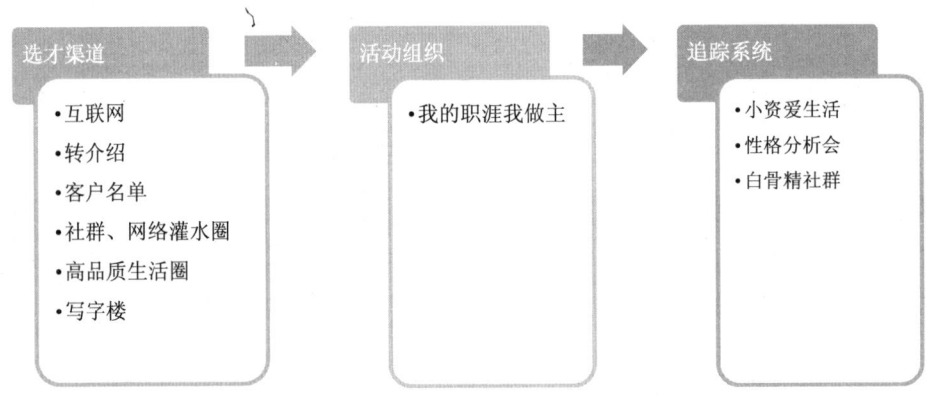

图 4-16　白领创说会增员模型

◆ 职场白领增募工具以及对应话术

（1）互联网渠道参考文案

互联网渠道参考文案（见表 4-19）。

表 4-19　互联网渠道参考文案

惜才诚聘	有事业心，有企图心 有领袖风范 追求生活品质 追求个人成长 追求职涯发展

（续表）

我们的支持	健康、公正的职场环境 愉快、感恩的工作氛围 专业、高频的辅导培训 高薪、快速的成长路径
我们的收入	小有成就——月薪过万 积极努力——年薪 50 万 斗志昂扬——年薪百万

（2）陌拜邀约话术

你好，我是××公司的职业经理人。最近我们公司要举办一场职涯规划公益活动，主要目的就是为向你这样优秀的白领提供平台，突破传统晋升路径，提前做好职涯规划，合理安排个人晋升发展空间。这次我们特别邀请了职涯规划师×××到现场做体验沙龙，机会很难得，我是负责在这栋大厦做宣传的工作人员，请问你周末是否有时间来参加我们的公益活动呢？

你可以留下你的联系方式，我作为备案，会提前通知你一些准备事项。这次活动是体验式的，为了让你的参与效果更好，我会随时跟你保持联系。

（3）老客户选才邀约

① 朋友圈文案参考

朋友圈文案及注意事项（见表 4-20）。

表 4-20　朋友圈文案及注意事项

文案	辛辛苦苦设计的文案，老板不满意？ 朝五晚九的加班工作，晋升没名额？ 省吃俭用的存款理财，隔壁比我好？ 理想很丰满，现实很骨感？ 错！ 事实是我们没有做完善的职涯规划，你的职涯生命中，60% 的时间是凭空浪费掉的；没有清晰的职涯目标，就等于职业生涯的提前阵亡！ ××老师主讲，××职业经理人现身说法，大型公益沙龙《我的职涯我做主》限时免费报名中！请有兴趣的伙伴点击文案转发，积满 18 个赞截图发给我，即可获得价值 1998 元的免费听课券！数量有限，先到先得。
注意事项	配图要有我们的报名广告和自己的二维码 要 @ 十位重点关注的客户 每天中午 11：00 发送效果最好

② 电话邀约话术

××，你好，我朋友圈发的那个资料你看了吗？上次我们聊天的时候，我记得你跟我说在现在的公司晋升没那么顺利，刚好这个机会非常难得，我们公司一公布要举办这个活动，我第一时间就想到了你。你快转发朋友圈，我给你留着名额。我们这个活动是公益性质，只是为了提升宣传力度，才要求来免费上课的朋友都转发一下的。我需要拿着你的截图和领导换邀请卡。

异议：是不是你们又招聘啊？我不想干保险

我约你参加活动当然是我们公司举办的了，不过你不用担心，不是见到我就一定要买保险、做保险。我们保险公司给客户提供的服务是综合的，而且这些学习成长的机会都是免费的。像你这么优秀的人，一定非常爱学习，而且本次活动就是为像你这么优秀的人职场发展和晋升专门设计的，来听一下对你非常有帮助。本次主讲嘉宾是资深职涯规划师，我帮你预约一个名额，到时候你也可以跟我们的规划师聊一下啊！

（4）会后面试流程及注意事项

会后面试流程及注意事项（见表4-21）。

表 4-21 会后面试流程

目的	拿走担忧、成就梦想、促成进班
内容	树立保险公司是更大的发展平台的概念 分析现在市场上找工作及职场晋升的基本标准 讲解个人成长故事以及团队其他白领的成长故事 强调个人能力以及职场晋升的公平性 凸显保险行业的学习发展平台以及丰富多彩的工作状态 规划准增员职业发展路径
面试问题	请问你对保险行业了解吗？之前是否购买过保险？ 请问你最近五年的职业规划是什么？ 请问你对现阶段最满意的是哪些方面？为什么？ 以你在公司的工作状态和资历，要晋升还要多久？ 通过今天的了解，你觉得我们公司的发展机会中，哪一点最吸引你？ 结合我们今天的职涯规划内容，你希望获得怎样的改变？

（5）会后追踪系统

职业生涯（话题和增员痛点）

- 晋升空间
- 收入情况
- 发展空间
- 工作环境

品质生活（粘性和活动要点）

- 咖啡文化
- 健康运动
- 家庭教育
- 社交读书

① 参会人员追踪微信

××：

非常开心能够在今天的职涯规划会上跟你一起探讨我们的未来职涯规划。你这么优秀的人才，相信未来一定会有很大的发展。今天你也系统了解了我们公司的情况，相信以你的睿智判断，一定会做出最有利于自己未来发展的决定。我们经理还特意叮嘱我，像你这么优秀的人，是要作为重点培养对象的，我建议你来参加复试和学习，这对你而言是一次非常棒的机会！

我们的复试安排在明天×点，我在办公室等你哦！

② 未参会人员追踪微信

××：

很遗憾，你没有参加我们举办的职涯规划会。这次我们到场××位优秀的职业经理人，我们的培训师现场帮助××位精英进行了职业规划，重点分析了未来成长过程中，每个人的内职涯成长和外职涯成长的关系，还教会我们如何合理规划自己的职业发展，真的让我们受益匪浅。

我特别预留了一份职业生涯规划表，最近这两天约你，帮你做一下，好吗？

③ 会后朋友圈文案

会后朋友圈文案及注意事项（见表4-22）。

表 4-22　会后朋友圈文案

文案	××位白骨精齐聚一堂——你的职场你做主！ 系统地道的职涯发展规划分析 精准细致的内外职涯共同成长 原来职场可以这样玩转！ 想知道你的职场生涯为何止步不前吗？ 想了解五年后你在哪个岗位更有发展吗？ 百余次沙龙分享经验，几万人职涯规划案例，让我们一起期待下一期××老师的精彩分享。 名额有限，预约电话：××××××××××
注意事项	配图要发现场活动人较多的情况 配图要有大家填写职涯规划的图片 配图要有现场和职业生涯规划师的合照 配图要有你的准增员表达感谢的微信截图

④ 会后电话邀约话术

××，非常感谢你能够参加今天的职涯规划会，你今天的表现太棒了！从你清晰的职涯规划目标上，就能感受到你未来一定可以成就一番大事业！你看，今天我们也系统介绍了我们公司和行业未来的发展情况。我们领导也对你特别重视，还叮嘱我一定要让你来参加我们公司的培训，对你未来发展非常有帮助。你看我帮你先报个名，好吗？

异议 1：好是挺好的，但是我不想干保险

你说的意思我很理解，其实我让你来参加我们的培训，主要目的不是让你马上转行做保险，而是希望帮助你更系统地了解我们行业，尤其像你这么优秀的人，我相信也不会草率做出任何决定。是否要来做保险，我们都无法马上做出决定。我们的新人培训，不仅讲解保险知识，还讲职场的商务礼仪、日常沟通的基本能力，我觉得对你而言，既是深入考察的过程，也是深造学习的机会。这种机会你怎么能错过呢？我帮你报名吧！

异议 2：我也想学习啊，但是我这边工作忙，走不开！

认识你这么久，你一直都是公司的顶梁柱，工作积极，工作压力也非常大。我们之前学习过时间管理，重要不紧急的事情才是要经常做的。你现在这么忙，一方面是你价值的体现，另一方面也会让你迷失方向啊！这次老师帮我们做了职涯规划，要想让自己价值更高，就要不断地规划和学习。我相信，以你在公司的地位和能力，挤出点时间参加培训一定没问题，这次机会很难得，对你未来的发展非常重要，一定要想办法来学习。我先帮你报名吧！

（6）后续活动举办案例——性格分析咖啡室（见图4-17）

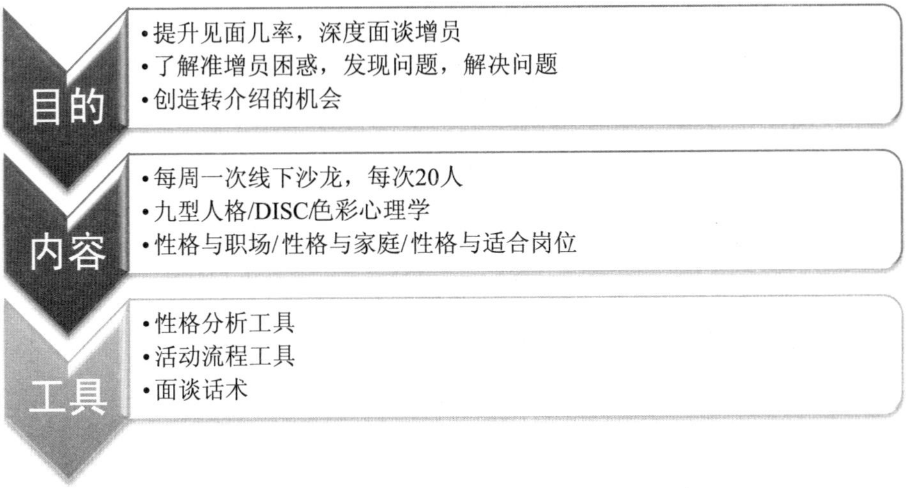

目的
- 提升见面几率，深度面谈增员
- 了解准增员困惑，发现问题，解决问题
- 创造转介绍的机会

内容
- 每周一次线下沙龙，每次20人
- 九型人格/DISC/色彩心理学
- 性格与职场/性格与家庭/性格与适合岗位

工具
- 性格分析工具
- 活动流程工具
- 面谈话术

图4-17 后续活动形式

白骨精们对生活品质的追求是持之以恒的话题，他们有自己独立的思考能力，会通过我们的朋友圈、实际的工作结果来评估这份工作是否是他们所需要的。大部分有能力的白领都是乐于接受挑战的，只要他们认为这份工作能够带给他们精彩纷呈的小资生活，就会随时接受新生活。多关注白领的生活和工作状态，在晋升考核的时间段、在假期或者家庭发生重大事件的时候，都是我们更容易吸引他们的时刻。

第八节
离退休公务员增募策略与工具

随着保险业的发展壮大,越来越多的离退休公务员看好保险行业,并决定投身保险销售行业。保险管理者在寻找离退休公务员时,可以按表4-23来加以筛选。

表4-23 离退休公务员特点

准增员定位	有想法,人际能力较强的退居二线或者已退休公职人员
基本特点	年龄相对较大,思想保守 朝九晚五,两点一线 常年沉寂在职场,发展不顺 职业风险高,精神压力大 安于现状,缺乏创新 失去工作岗位的强烈失落感 在家庭中具有较高的地位和认可度 喜欢教育和指导别人
职业诉求	实现自我价值 社会认可度高 更好地运用自己的人脉资源 保持自己的生活品质不变 被身边人认同,帮助别人
增员痛点	保持生活品质不变 让自己更有价值 更完美的生活状态 让自己的人脉资源产生二次价值 永远都是家庭的顶梁柱

离退休公务员人群增员综述

过去,很多人觉得公务员不好增员,因为公务员的工作社会认可度高,收入也相对较高,做保险对于公务员而言简直如天方夜谭。但是最近几年,公务员转行做保险的比比皆是。究其原因是公务员的收入结构发生变化,工作压力增大。尤其是很多离退休的公职人员,对于即将面对的退休生活充满了不确定感,个人价值也没有发挥到极致。为了让自己的人脉关系得以充分利用或者为了能够继续实现人生价值,很多公务员离退休后会选择二次择业,但是这个年龄可选择的空间并不大。保险行业属于国家大力发展的朝阳行业,也是能够帮助到身边人的行业,同时也能够提升退休后的生活品质。所以,对于一些有能力且不甘于寂寞的离退休公务员而言,到保险公司上班是非常明智的选择。

 离退休公务员创说会增员模型(见图 4-18)

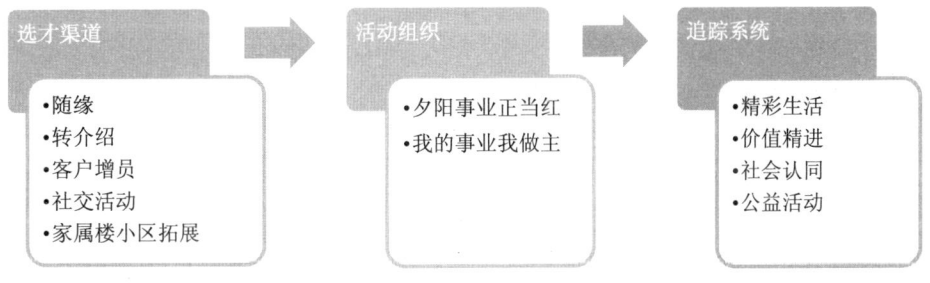

图 4-18 离退休公务员增员模型

 离退休公务员增募工具以及对应话术

(1)陌拜邀约话术

你好,我是××公司的销售经理,很高兴认识你。你是在政府部门工作吧?一看你的气场就跟其他人不同。是这样的,我们公司正在举办一个《夕阳事业正当红》的交流活动,主要就是想邀请像你一样优秀的老领导一起开个茶话会,大家聊一下退休生活规划。我们还特别邀请到了原××部门(政府部门或者企事业单位)的领导,跟我们分享他的离退休规划,之前我也有幸听过××老先生的分享,觉得你们的人生简直太精彩,太值得我们学习了。所以,这次来诚意邀请你参加我们的活动。

我相信你一定会受益匪浅的。这是我们公司的邀请函,你只需要在这边确认签字,就可以来参加。我们还给你准备了精美的小礼品,感谢你能够亲临现场。

(2)老客户选才电话邀约

××,你好,我是××。老领导,你一向都很忙,我都不好意思打电话骚扰你。但是这次我们公司要举办一个专门针对你这样优秀的离退休老干部的活动,叫做《夕阳事业正当红》,之前你不是也跟我说过,马上就要退休了,还有点舍不得老岗位,也没有详细规划过退休后的日子。这次我们就特别邀请了××部门(政府部门或者企事业单位)的老领导给我们分享一下他精彩纷呈的退休生活。你是我最敬仰的老领导了,所以,公司这次说给两个名额,我第一时间就想到了你。我们公司为了感谢各位老领导能够给面子参加我们的活动,还特别准备了精美的礼品送给你。你看你周三还是周四有时间,我把邀请函给你送过去。

(3)会后面试流程及注意事项

会后面试流程及注意事项(见表4-24)。

表4-24 会后面试流程

目的	拿走担忧、合理规划、促成进班
内容	树立做保险是事业的第二春的理念 介绍国家对保险行业的重视程度 讲解保险行业丰富多彩的工作和生活方式 强调社会认同以及资源整合的意义 分享人生价值实现的内涵意义和外部价值
面试问题	请问之前规划过你的退休生活吗? 如果一下子进入到退休生活里,你觉得会有哪些不适应呢? 你之前在岗位上积累了这么多人脉资源,你觉得退休后还有利用价值吗? 你最初从事公务员工作的时候,是否有强烈的助人助己的动机? 你今天系统了解了我们公司,你觉得我们公司最吸引你的是哪些方面?

(4) 会后追踪系统

价值精进（话题和增员痛点）

- 资源二次开发
- 人生价值增长
- 家庭价值持续
- 社会价值提升

精彩生活（粘性和活动要点）

- 旅行社群
- 快乐聚会
- 颁奖典礼
- 学习分享

① 参会人员追踪微信

××，非常感谢你能亲临现场参加我们今天举办的《夕阳事业正当红》主题活动。正如我们在活动现场介绍的一样，其实保险公司的平台非常适合你这样人脉关系好，又闲不住的老领导作为退休后的一项业余职业。

我们公司实力雄厚，工作时间也非常自由，既可以满足你退休后个人价值的实现，还能丰富你的业余生活。现在公司刚好有一个能够帮助你更多了解我们行业和公司的培训，我帮你报名，好吗？

② 未参会人员追踪微信

×× 领导，真的非常遗憾，没能请到你参加我们这次的《夕阳事业正当红》活动。这次我们活动到场 ×× 位企事业单位的离退休老干部，大家一起交谈甚欢。

大家都表示现在人们的生活越来越丰富多彩，虽然退休在家，但也不想用抱抱孙子、打打牌来虚度。大部分老领导们都希望退休后找个事情做。刚好我们保险公司有个特别好的机会，工作时间自由，又能帮你盘活之前的人脉关系，最重要的是，我们每年有很多免费的培训和旅游机会，我觉得非常棒。你看看你这两天什么时候有时间，可以来我们公司坐坐，我再详细给你介绍一下。而且本次活动我们也给所有嘉宾都准备了一份礼品，你的那份我帮你预留了，到时候一起给你。

③ 会后朋友圈文案

会后朋友圈文案及注意事项（见表4-25）。

表4-25　会后朋友圈文案

文案	夕阳才是真的红，有梦想的人何时开始都不晚 感谢各位老领导的参与，经历过风雨的生命让我更加感动 国家大力推动保险行业发展 越来越多大智慧的人投身保险行业 我们愿意提供平台，让你再次发挥余热 欢迎来电咨询：××××××××××
注意事项	配图要有现场活动大家交流的画面 配图要有大家互动交流很专注、很开心的画面 配图可以有类似褚时健等追求梦想并且实现梦想的人物照片 配图要有现场主讲嘉宾分享的画面

④ 会后电话邀约话术

××领导，非常感谢你今天能够亲临现场参加我们举办的活动。不知道今天的活动你是否满意？我真的太敬仰你了，你的阅历和人脉都非常适合在保险公司发展。

今天你也了解了我们公司的情况，其实保险行业一直是国家大力支持的行业，现在一般家里有小孩儿或者老人都非常需要购买保险。来我们公司，就等同于你退居二线后给了自己一个缓冲期，跟老朋友们也有更多的话题可以聊，顺便赚点钱使自己的生活品质不下降。你看，这一举多得的好事情，你可一定要来啊。刚好我们下周有一个能帮你更好地了解我们行业和公司的培训班，我帮你报个名吧！

异议1：干保险太没面子了

你说的意思我很理解，像你这样的领导自然不会选择一个让自己没面子的行业。但是正如你所知道的那样，这两年保险行业正在以每年超过15%的速度高速增长，现在的保险代理人跟之前可不一样，保险从业人员整体素质在不断提升，行业越来越规范，服务质量不断提高。目前有越来越多的高素质人才加盟保险业，如律师、财务师、医生、教师、私营企业家等，他们正是因为看好这个行业巨大的发展潜力才加入的。

保险行业有像你这样的高素质人员加盟，才有助于提升保险推销员在公众心中的形象和地位。况且居民的投保意识也在改变，大多数人对业务员的展业方式也表示认可和接受。就像我们的分享嘉宾××,他曾经也是这样想的,但是你看,现在他的朋友和以前的一些同事都非常羡慕和敬佩他的选择。我相信你会做得更好,为什么不给自己一次机会让别人更加敬仰你呢?

异议2:我口才不行,做不了销售工作

不瞒你说,我们邀请你加入我们的团队,并不是因为你口才有多好,恰恰是你这种为人正直、实在的品质才是做好保险的关键。保险行业不是靠忽悠客户来成交的,我们领导经常说,做保险先做人,只要人做好了,客户自然就会信任。你有这么好的口碑和人际关系,只要你足够专业,把保险的真谛传递给客户,就可以获得更多的信任。刚好我们马上要开始的新人班就是让你更好地了解行业、变得更专业的机会,你可以先来学习再决定啊!

(5)后续活动举办案例——缤纷夕阳红(见图4-19)

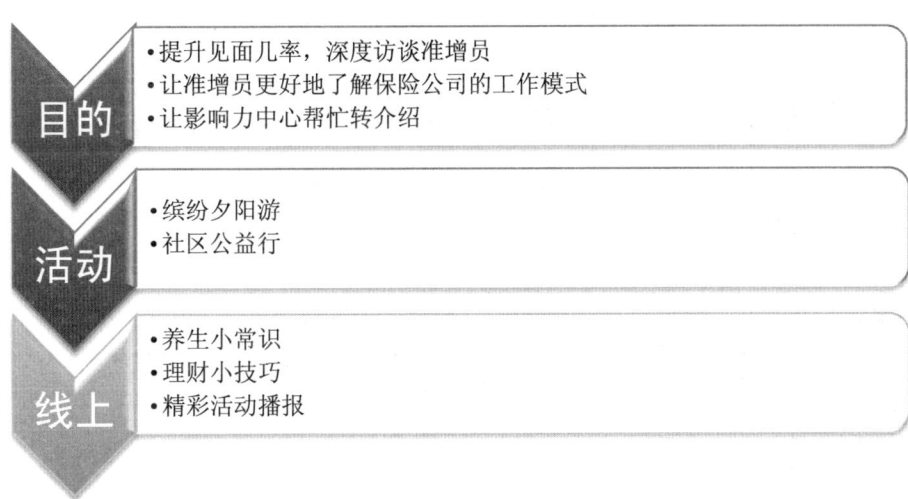

图4-19 后续活动形式

离退休公务人员无论从人脉关系还是能力上,都是非常优秀的选才对象,但是毕竟公务员的工作状态已经固化,突然要转型做保险对他们而言挑战很大。我们在选才的时候要注意选择一些性格开朗、具有一定奉献精神的人,要多讲解寿险的意义与功用,把多彩的离退休生活作为吸引点。可以让他们刚开始以半兼职半全职的状态尝试着融入团队,一旦他们接受了保险理念,并且不排斥保险推销工作,就能够自然而然地融入了。

第九节
销售人员增募策略与工具

保险销售员的数量一直与保险行业的发展正相关,销售员数量增长态势迅猛,为保险队伍快速补充了所需要的新鲜血液,使得保险业空前繁荣,表4-26是招募保险销售人员的条件。

表4-26 销售人员特点

准增员定位	希望改善现状的门店营销人员或者驻外销售精英
基本特点	具备一定的销售能力,勇于接受挑战 销售有型商品,等客上门 具有良好的资源 口才佳,善于与人沟通 部分人员长期出差,生活状态不佳 学习产品能力强
职业诉求	付出与收入成正比 更高比例的提成点 时间更加自由 公开公正的晋升通道 良好的市场背景和强大的市场需求
增员痛点	赚钱有上限 晋升受上级限制 人脉不能得到充分利用 老行业时间不自由 业绩受经济环境影响严重 部分公司的区域分配不均

第四章　熟悉增员渠道及策略，打通十大人群增募渠道

◆ **销售精英增员综述**

销售人才是卓越团队增员的核心人群，因为他们与生俱来的企图心和销售能力，注定他们在保险行业能够做得非常棒。销售人才对于市场空间的认知要超过其他任何行业的人，他们更乐意选择在市场认可度高、品牌形象好、绩效提成高的公司做销售工作。同时，传统行业的销售人员都会面临晋升考核的不自主性或者销售瓶颈期和淡旺季，这也恰恰是保险行业的优势，需要我们在沟通的时候多多展示给准增员。

> 销售精英一旦选择了保险行业，在销售能力和业绩上不需要团队长过多关注，刚好让我们有充足的精力更好的协助他们发展自己的团队。一旦销售精英理解了寿险行业的发展规律和发展方向，必然能够快速适应并且创造可观的价值。

◆ **销售精英创说会增员模型**（见图 4-20）

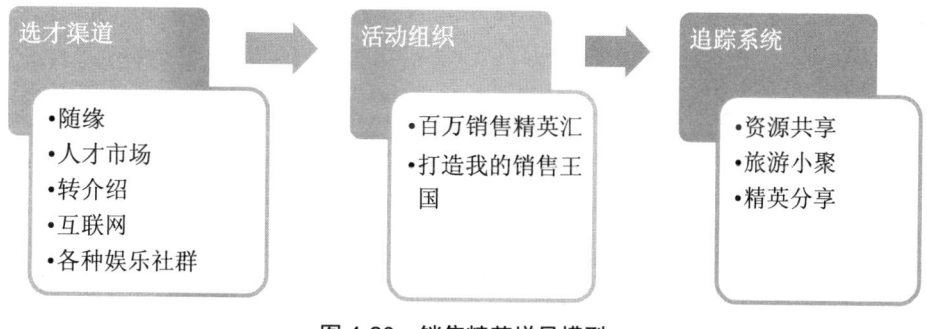

图 4-20　销售精英增员模型

◆ **销售精英增募工具以及对应话术**

（1）互联网渠道参考文案：

最棒的销售＋最好的产品＝最高的销售额；

最棒的销售＋最好的制度＝最高的年收入；

最棒的销售＋最好的公司＝最高的成长性；

最好的公司、最好的产品、最好的制度我们准备好了！

你，是那个敢于挑战的最好的销售精英吗？

你，是那个想年收入百万的销售精英吗？

×月×日，相约××，共同走进百万销售精英的殿堂。

我们诚邀您的光临！

预约电话：××××××××××

（2）陌拜邀约话术

你好，我是××公司的销售经理，很高兴认识你。一看就知道你也是从事销售的精英人才，我们在这个周末有一个《百万销售精英交流会》，邀请的都是各行各业像你一样的销售精英，可以一起分享销售经验、客户服务心得及未来职业规划等。可以给你提供不一样的社交圈子和发展平台，帮你整合现有的人脉资源。

之前很多来我们公司参加交流会的朋友都表示受益匪浅，所以我特别诚恳地邀请你一起参加，好吗？这里是我们活动的邀请函，因为场地和活动流程的限制，每次参会名额有限，你在这里签个字，我就可以帮你预约了。

（3）老客户选才电话邀约

××，你好，我是××。看你最近这么忙，都没好意思约你出来聊聊天。这次我们公司要举办一个百万销售精英的分享沙龙，我第一时间就想到了你。你在我的朋友圈里是做销售做得最好的一位了。这一次我们不仅可以让你认识更多的销售精英、分享销售经验，还能给你介绍一个特别棒的合作平台，能够对你未来的发展更有帮助。我们的活动时间是×月×日，在××。你看你这两天什么时候有时间，我给你送一个参会邀请函吧！

（4）会后面试流程及注意事项

会后面试流程及注意事项（见表4-27）。

表 4-27　会后面试流程

目的	拿走担忧、成就梦想、促成进班
内容	树立保险是更大的发展平台的理念 分析不同行业的销售人员发展路径、晋升机会 讲解个人成长经历以及团队销售精英的成长历程 强调不同平台的资源整合以及发展空间差距 分析寿险行业的市场空间以及公司基本法 规划准增员职业发展路径
面试问题	请问你最近五年的职业规划是什么？ 你现在的客群稳定吗？这些客户会一直是你的资源吗？ 你们公司的业绩划分以及区域划分的方式如何？凭借你个人有机会拓展更大的市场吗？ 做了这么多年的销售工作，你觉得对于销售人员而言，最重要的是什么？ 你今天系统了解了我们公司，你觉得我们公司最吸引你的地方是哪里？ 我们正在招聘两个岗位，一个是销售精英，一个是储备总监，你对哪个岗位更感兴趣一些？我帮你介绍并规划一下。

（5）会后追踪系统

绩优平台（话题和增员痛点）

- 收入倍增
- 发展空间
- 客户价值
- 公司支持

资源整合（粘性和活动要点）

- 人脉交互
- 品质社群
- 快乐营销
- 资源共享

① 参会人员追踪微信

××，非常感谢你今天来参加我们的《百万精英交流会》，之前只是知道你做得非常好，没想到通过今天的交流，发现你竟然具备这么多百万精英的优秀品质。相信以你的市场敏感度和客户维护的能力，只要选对平台、找准机会，绝对可以成就一番大事业。我们部门经理对你更是赞不绝口，让我务必把你作为我未来重点的合伙人，我建议你来参加复试和学习，这对你而言是一次非常棒的机会！

我们的复试安排在明天××点，我在办公室等你哦！

②未参会人员追踪微信

××，很遗憾，你没有参加我们举办的《百万精英交流会》。这次我们到场××位优秀的销售精英，一起分享了关于客户维护、客户价值以及销售人员未来人生规划的内容。大家还相互交换了合作信息，相信未来会有很多销售精英在我们的平台上得到更好的发展。这次我们还请我们公司一个年收入百万的销售经理做了分享，他重点分析了销售人才的职涯规划，也讲解了一个好平台对于销售人员的重要性。

我觉得这次会议对你一定有帮助，所以也跟我们经理介绍了你的情况，我可以单独约我们经理让他跟你聊一下，你看你周三还是周四方便？

③会后朋友圈文案

朋友圈文案及注意事项（见表4-28）。

表4-28 朋友圈文案

文案	做百万精英，享品质生活——××届百万精英分享会播报 成就百万的平台、成就百万的产品、成就百万的制度、成就百万的你！ 勇于挑战，证明你自己！ 善于分享，成长你自己！ 敢于拼搏，成就你自己！ ××位各行业销售精英齐聚一堂，分享成长历程，分析客户价值，发现成长舞台！ 第二届火爆报名中，名额有限，预约电话：××××××××××
注意事项	配图要有现场活动规格较高的要素，例如酒店、红酒等 配图要有大家互动交流很专注、很开心的画面 配图要有现场主讲嘉宾讲解的画面 配图要有你的准增员表达感谢的微信截图

④会后电话邀约话术

××，非常感谢你能够参加今天的《百万精英交流会》，你今天的分享内容让我特别敬佩，我觉得像你这样的人才，在任何销售岗位上都能够做得非常棒。今天我们的部门经理和很多像你一样优秀的销售精英都分享了平台的重要性，我相信以你的能力，只要选对平台、找好产品，未来的发展不可限量。我们马上就有一个新人班要开班了，我帮你报名，让你更深入地了解一下保险行业、我们公司和我们公司的产品，好吗？

异议 1：保险不好卖吧

你说的意思我很理解，其实很多人在没有接触保险之前，都会觉得保险不好卖。江湖上也流传着一句话叫："保险不是人干的。"但是实际上我们做销售工作的都明白，没有任何一个产品一出来就是爆品，其实产品好不好，很大程度上是看谁在销售这款产品，你说对吗？

保险行业在过去的几年中营业额持续上涨，就说明了其市场认可度在不断攀升。现在保险市场已经跟以前不同了，客户对保险的认知提高了，同时也对保险从业人员的专业度要求更高了，所以我们现在都说："保险是人才干的！"像你这么优秀的人才，错过保险的钻石十年一定会后悔，所以我建议你先来听一下新人班的课程，系统了解了我们的行业和公司，再做决定。

异议 2：做保险没有底薪，收入没有保障

你的意思我非常理解，我们找工作都想追求稳定的收入。但我们做营销的人都明白一个道理，这个世界没有真正的铁饭碗，真正的铁饭碗就是我们自己的能力和客户资源。当然，在刚开始转入一个行业的时候，我们一定会担心自己的收入，所以公司给我们准备了新人成长津贴，帮我们度过刚开始转型的阶段。这点津贴对你而言肯定无法满足您的期望，所以我们要发挥优势，利用保险平台实现长期稳定的高收入。

（6）后续活动举办案例——资源交流社群（见图 4-21）

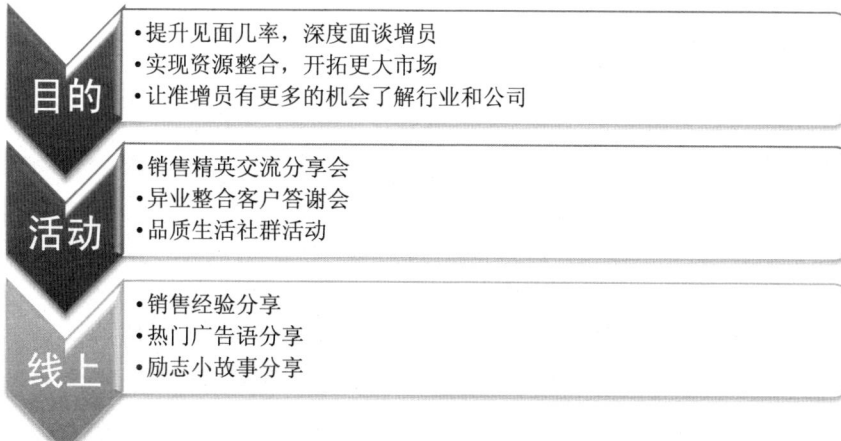

图 4-21　后续活动形式

销售人员在更换平台的过程中，可能会面对现有平台的持续利益中断，所以，我们要充分了解他原公司的业绩结算方式，争取让对方在最小化损失的前提下来到我们的团队。同时，我们要重点强调销售人员的人脉价值二次开发的意义，让该类人群明白保险公司其实就是他们给自己当老板、做销售。对于一直左右摇摆的营销人员，刚开始的时候我们可以跟他们共享客户资源，共同举办系列客户维护活动，让他们逐步了解我们的工作模式，认同公司文化，随着相互之间沟通的逐步深入，最终让他们主动选择我们公司。

第十节
法务工作者增募策略与工具

随着保险公司的产品营销与法律的关系越来越密切，现在部分法务工作者通过协助客户处理资产纠纷或者讲解保险法等工作，逐渐接触保险行业，了解保险产品和保险公司的运营模式。表4-29是法务工作人员的特点：

表 4-29　法务工作者的特点

准增员定位	从事法务相关工作的工作人员
基本特点	高学历，高素质 做事严谨，对人要求严格 人际关系较狭窄 专业技术强，经营能力不是很强 对法务工作有极强的热爱 自己开律师事务所或者挂靠到某律师事务所 工作压力大，工作风险大
职业诉求	收入完全由自己决定 时间自由、财务自由、管理自由 有潜力的发展行业 较大的市场空间 能够体现自己的专业度 工作环境良好，职场人际关系简单 精神压力较小，社交关系简单
增员痛点	晋升通道公平、公正、公开 收入无上限，充分发挥个人能力 交往面更广，工作具有挑战性 能够充分发挥法务工作者的优势 可以打造自己的团队 能够更多的服务别人 行业前景广阔，平台优势明显

法务工作人群增员综述

目前,在保险行业中,已经有部分法务工作者率先进入了保险行业,并且发展得非常好。我的一个学生,他们整个团队 20 个人,都是专业律师,基于他们原本的专业地位和产品认知,在给客户讲解保险产品的时候,更容易获取中高端客户的信任。他们的专业素养在保险行业也是难能可贵的。所以,如果我们希望打造一支高精尖的营销队伍,一些具备营销能力、对自己所从事的工作不是非常满意的法务工作者,可以作为我们的重点选才对象。

 法务人员创说会增员模型(见图 4-22)

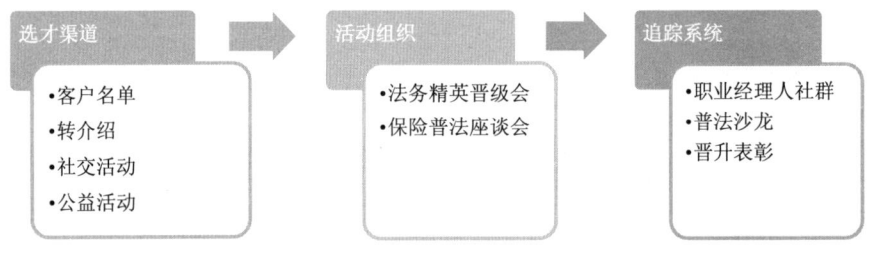

图 4-22 法务人员增员模型

 法务工作者增募工具以及对应话术

(1) 互联网渠道参考文案:

用正确的方法做正确的事,

用法律的武器帮助更多的人,

我们需要你的专业,需要你的加盟!

普通居民的法律意识逐年提升,个人财产保护需求逐渐递增,

法务精英的保险行业从业率逐渐增长,你想探究真实的原因吗?

《保险普法座谈会》帮你了解不一样的保险行业!

活动预约电话:××××××××××

(2) 电话邀约话术

你好,我是××公司《保险普法座谈会》的会务工作人员。给你致电是邀请你参加我们公司举办的《保险普法座谈会》，我们得知你是法务方面的专业人士，近些年我们公司的很多客户对于如何运用法律武器合理保全保护个人财富非常感兴趣。所以特邀请你参加这样一个座谈会，希望促进我们两个行业更好地融合，一方面向你学习可以为客户提供更专业的服务，另外一方面我们公司也有一个很好的平台可以为你提供更好的发展路径。请问你周六还是周日有时间？我帮你预约参加我们的活动，好吗？

（3）会后面试流程及注意事项

会后面试流程及注意事项（见表4-30）。

表4-30 会后面试流程

目的	拿走担忧、成就梦想、促成进班
内容	树立保险行业是专业的以助人为核心的快速发展平台的理念 分析法务精英在保险行业发展的空间和前景 讲解公司或者本部门具有法务背景的精英维护大客户的案例 强调不同平台的资源整合以及未来发展的区别 规划准增员职业发展路径
面试问题	请问你现在与公司的合作形式是怎样的？ 你是否打算过独立开展工作室？什么时间？以何种形式？ 以你的专业度来判断，在全民法律意识逐渐增强的过程中，哪个行业的成长性和价值会更凸显？ 你今天系统了解了我们公司，你觉得我们公司最吸引你的地方是哪里？ 在我们公司，未来有两种发展方向：一种是独立成长的业务精英；另一种是你结合你的专业成立工作室，协助更多的业务精英共同创业和发展。你觉得哪个更适合你？

（4）会后追踪系统

个人价值（话题和增员痛点）

- 经营模式
- 发展空间
- 专业价值
- 生活品质

资源共享（粘性和活动要点）

- 保险法务分享平台
- 产说会主讲邀请
- 大客户资源分享
- 高品质社群活动

① 参会人员追踪微信

××，非常感谢你今天来参加我们的《保险普法座谈会》，通过今天的交流我才发现，原来我们的工作性质竟然这么相近，都是帮助人们规避不必要的风险。其实要提升客户对保险的认知，还需要像你这样的专业人士的讲解，真心希望越来越多像你这样优秀的专业人士能够加盟到保险行业里。正如你今天看到的，很多法务精英通过加盟保险行业，开启了自己事业成长的又一个巅峰。在保险行业，既可以运用到你之前的专业知识，还能帮你更好地整合人脉资源，同样属于代理合同制，是非常适合你的。我帮你预约跟我们经理进行深入交流，让他协助你完善未来的职涯规划，你看你周五还是周六时间方便呢？

② 未参会人员追踪微信

××，很遗憾，你没有参加我们的《保险普法座谈会》，本次活动一共到场了××位像你这样优秀的法务精英，通过现场交流，我们从他们那里学到了很多法律的专业常识，真希望下次有机会能够跟你进行深入的学习和交流。在座谈会上，我们发现现在的客户虽然法律知识掌握得不多，但是法律意识已经提高很多，比如很多客户会选择运用保险工具来进行个人资产保全和保障，这也给保险公司和法务从业人员的合作创造了更好的契机。我们现场就有好几位优秀的精英人士与我们达成合作发展的协议。我觉得这么好的机会错过了很可惜，所以帮你预约我们部门经理，你们可以一对一地交流一下，这对你未来的发展一定会有很大帮助。你看你周五还是周六有时间？

③ 会后朋友圈文案

会后朋友圈文案及注意事项（见表4-31）。

表4-31 会后朋友圈文案

文案	钻石十年，是高净值客户保险需求爆炸式增长的十年 用法律的武器保护自己的财产安全 用保险的功能保障自己的生命价值 《保险法务座谈会》圆满结束 ××位法务精英立志从事保险行业，选择更大的发展平台，运用更先进的法律武器，为客户提供更专业的服务，创造个人更大的价值！ 第二届活动报名中，预约电话：×××××××××××

(续表)

注意事项	配图要有现场活动规格较高的要素，例如酒店、红酒等 配图要有大家互动交流很专注、很开心的画面 配图要有现场人员与主讲嘉宾合影的照片 配图要有你的准增员表达感谢的微信截图

④ 会后电话邀约话术

××，非常感谢你能够参加今天的《保险法务座谈会》，你的专业能力让我由衷地佩服，真希望以后有机会可以一起共事。今天我们的分享嘉宾也讲述了目前保险行业里像你这样的人才的稀缺性，我觉得像你这样的人才一旦从事保险行业，未来必然是中高端客户的优选合作伙伴。其实保险工作与你现在的工作区别并不大，唯一不同的就是我们服务的客户层面更加广泛，客户贡献价值更高。我们这周就有一个新人培训班，可以让你更好地了解我们平台的运营方式以及公司未来的发展规划。我帮你报名参加，好吗？

异议1：我不了解保险行业，听说你们业务压力很大

你说的意思我很理解，我们任何人在从事一个新行业的时候，都是从不了解开始的。保险行业并没有你想象的那么难做。尤其是这几年，国家大力提倡商业保险，高净值人士对保险的需求量与日俱增，我们从业人员的市场地位也逐年提升。

未来不是什么人都可以做保险的，只有专业人士才能从事保险行业。至于业务压力，哪个行业没有业务压力呢？你在律师事务所难道不是自己做业绩吗？保险行业的确有一些晋升考核的标准，但是那些标准对你而言轻而易举就可以完成，如果你希望通过我们的平台创造更大的价值，那么我们的成长空间是上不封顶的。我觉得你可以找一个机会更深入地了解一下保险行业，再做出明智的决定。我们本周末就有一个新人培训班，你的问题都可以得到解决，我帮你预约一下吧！

异议2：我怕我的客户不接受我做保险

你的意思我非常理解，你身边都是非常优质的大客户，你一定很担心从事保险事业以后，他们会产生误解。但无论是你的法务工作还是保险工作，其实都是运用合理的工具帮助客户解决问题，法务工作解决的是人的问题，保险解决的是钱的问题。

如果我们可以同时帮助客户解决两个问题，何乐而不为呢？更何况，我相信以你的专业地位，你的客户不仅会接受你做保险这个事情，还会非常支持和信任你。保险就是帮助你更好地进行资源整合的平台啊！

（5）后续活动举办案例——保险法务交流社群（见图4-23）

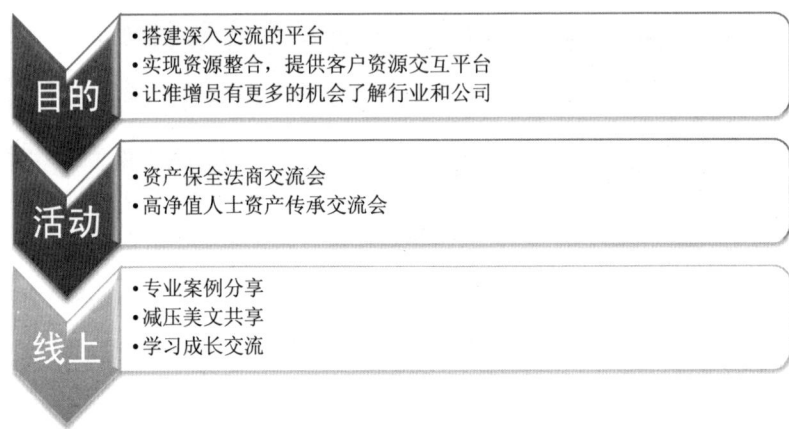

图4-23　后续活动形式

法务工作者的社会地位还是相对较高的，他们的工作范围广泛，接触人群也比较多，但是大部分时间都是在为别人处理比较棘手的问题，自我调节能力如果不强的话就会难以适应。我们可以在接触的过程中，多邀请对方参加一些减压的聚会，共享更多的人脉关系，并且让他们了解目前保险行业的从业工作者对于法务常识的渴望，具备一定法务常识的人可以在保险行业有更好的发展，这对于他们而言是极佳的吸引点。如果可以，我们也可以邀请法务工作者为我们的客户讲解一些保险法务常识，在这样的接触过程中，更容易彼此了解，深入交流。

第十一节
在职财务人群增募策略与工具

表4-32是增募在职财务人员时需要考虑的因素。

表4-32 在职财务人员特点

准增员定位	公司在职财务、自由职业财务、财务事务所在职人员
基本特点	教育程度高，社会地位高 每天和数字打交道，不可以情绪化 责任心强，工作压力大 工作存在一定的风险 社交圈狭窄，人际关系复杂 未来晋升空间受限 被迫做自己不喜欢的事情
职业诉求	规范化行业 有发展空间和前景的行业 工作能够有章可循 收入倍增，时间自由 有更开阔的社交圈 工作与生活环境更好
增员痛点	公开、透明的晋升渠道 高收入，低压力 更广泛的人际圈 更多的学习机会 未来的精英行业 公司实力与背景雄厚

 **在职财务人群增员综述**

在职财务是很容易被忽视的重要群体，事实证明，很多财务在从事保险行业

以后都有着惊人的发展。追根究底，是因为财务专业的工作严谨度，促使其在给客户进行保险收益理算以及帮助客户处理保险需求的过程中，都能够将其数字敏感度和专业度表现出来，所以更容易促成大单。

特别是对于客户而言，连财务这样会算计的人都能从事保险行业，促成也变得更加容易。大部分在职财务每天从事的工作是非常枯燥的，他们的社交圈也非常狭窄，对于一般的年轻人而言，如果长期在这样的高压环境下成长，又看不到更大的发展空间，就会产生对新环境和新机会的诉求。保险行业既属于专业性行业，又能够给他们提供更公平、公正的成长空间，吸引力自然是非常大的。

◆ **在职财务人员创说会增员模型（见图4-24）**

图4-24　在职财务人员增员模型

◆ **在职财务人员增募工具以及对应话术**

（1）互联网渠道参考文案：

古有神算子助王侯逐鹿天下；

今有好财务助老板宏图霸业；

为人谋划为人算尽青春年华；

为己规划为己算出精彩人生；

财务从业工作者事业腾飞的时机已经到来，资深财务的个人职涯成长分享，想知道如何运用专业的知识、良好的平台创造属于自己的精彩人生吗？

相约本周末《算出精彩人生》！

预约电话：××××××××××

（2）互联网招聘邀约话术

你好，我是××公司的销售经理，我们在网上看到你正在寻找新工作，刚好我们公司正在招募一批具有财务从业背景的人才，能够为你提供专业的入职培训，更好的事业发展空间。在我们公司晋升、晋级全凭自己的真实实力。我们周末有一个《算出精彩人生》的沙龙活动，可以帮你更好地了解我们公司，也会请到业内比较资深的财务从业工作者做职涯规划分享。我帮你预约参加活动，好吗？

（3）老客户选才电话邀约

××，你好，我是××，告诉你一个好消息，我们公司正在举办一个《算出精彩人生》的主题活动，邀请的都是像你这样优秀的财务从业工作者。很多财务平时都只接触自己公司内部的人，每天工作压力很大，所以我们专门举办这样一个社交沙龙，不仅让你可以认识更多业内的精英，还会邀请到一位资深的财务给大家分享他的职业规划。我觉得对你非常有帮助，我手头就两个邀请名额，第一时间就给你打了电话，你看你是自己来还是带你的朋友一起来呢？

（4）会后面试流程及注意事项

会后面试流程及注意事项（见表4-33）。

表4-33 会后面试流程

目的	拿走担忧、成就梦想、促成进班
内容	树立保险行业是专业人士快速成长的平台的理念 分析保险行业的市场认可度以及未来的快速成长契机 讲解寿险的意义与功用，让准增员更深入地了解保险 强调公司晋升的平台公平、公正 规划准增员职业发展路径
面试问题	请问你未来五年的职业规划是什么？ 你是如何定义专业人士的价值和意义的？ 如果现在让你学习并考家庭财富管理师的资质，你认为以你的能力多久能够考取？ 我们今天分享嘉宾的案例对你最有启发的是哪点？ 如果未来给你两个发展方向，个人财富管理顾问和保险企业家，你觉得哪个方向更适合你？

(5) 会后追踪系统

职涯成长（话题和增员痛点）

- 发展空间
- 人际关系
- 工资收入
- 专业地位

精彩人生（粘性和活动要点）

- 品质生活
- 晋升表彰
- 多彩活动
- 客户认可

① 参会人员追踪微信

××：

非常感谢你今天来参加我们举办的《算出精彩人生》主题活动。你的专业能力让我们都很佩服，像你这样优秀的人才，只要有更好的平台，未来一定可以像我们的分享嘉宾××一样，创造不一样的个人成就。我们公司在本周有一个新人培训班，能够帮助你更加系统地了解我们的行业和公司的产品，有助于你做出明智的决定。选对平台，做好自己的职涯规划，未来才不会后悔。我帮你预约参加新人培训班，你看好吗？

② 未参会人员追踪微信

××：

很遗憾，你没有参加我们举办的《算出精彩人生》主题活动。我们本次一共邀请了××位像你这样出色的财务从业人员，大家在活动现场进行了非常愉快的交流。原来你们的工作压力真的非常大，专业度也非常高。像你这么出色的人，真的应该好好规划一下自己的职业生涯，选一个好的平台才能有更好的发展。我们这次的主讲嘉宾以前就是一位资深财务师，通过为自己量身定制的职业规划，现在不仅收入非常高，也得到了更多人的尊重。我帮你约一下，跟他见面一对一交流一次吧，我相信一定会让你有更大的收获。

第四章 熟悉增员渠道及策略，打通十大人群增募渠道

③ 会后朋友圈文案

会后朋友圈文案和注意事项（见表4-34）。

表4-34 会后朋友圈文案

文案	算出精彩人生，不仅要靠专业，更要靠规划 ××位财务精英齐聚一堂，畅谈职涯规划，分享职场趣闻 20岁的我们还有选择的资本 30岁的我们需要选择的实力 40岁的我们需要选择的勇气 尽早规划自己的职业发展路径，不要成为温水里的青蛙 感谢××老师的精彩分享，期待下期再见！ 第二期活动预约电话：××××××××××
注意事项	配图要有现场规范、整洁又大气的职场图片 配图要有大家互动交流很专注、很开心的画面 配图要有现场嘉宾与主讲老师合影的图片 配图要有你的准增员表达感谢的微信截图

④ 会后电话邀约话术

××，非常感谢你今天能够来参加我们举办的《算出精彩人生》沙龙活动。你今天在会场的表现真的非常出色，像你这么优秀的人才，在公司里做一名财务真的是太屈才了。正如我们今天主讲嘉宾分享的那样，很多优秀的财务人才都不甘寂寞，选择了能够更好展示自己的平台。我们公司不仅具有雄厚的背景优势，而且我们的产品也是非常具有市场竞争力的，以你的能力在我们的平台上，不仅晋升会非常快，还能创造更多属于自己的价值。这样吧，我们下周有一个新人培训班，能帮助你更好地了解我们公司公开、公正的晋升渠道，也可以让你深入了解保险行业和我们的产品，我帮你报名参加，好吗？

异议1：我没有人脉啊

你的意思我非常理解，其实很多人在刚开始从事保险行业的时候都会有一种误解，觉得只有有人脉的人才可以做保险，但事实上是随着保险行业越做越好，自己的朋友才越来越多。其实我们每个人都有一些朋友，比如我们的同学、同乡、邻居、原工作单位的同事，这些都是我们的人脉，很多保险行业的大咖都是白手起家的，随着自己的专业度越来越高，从业年限越来越长，人脉也会越来越多。保险行业最大的特性就是人人都需要保险，只要我们能够真正帮助客户解决问题，

那么就可以借助保险的这个平台结交更多的好朋友。

异议2：我没有销售经验啊，我担心我做不好

你的顾虑我非常理解，你并不是担心做不了，而是担心做不好。像你这样优秀的人才，做任何事情一定都希望做到最好。其实销售并不像你想的那么难，比如，我们平时要跟上司沟通我们的工作情况，要跟新认识的朋友介绍自己，甚至包括相亲等等，都是一种变相的销售行为。没有人与生俱来就会销售，销售只是一种沟通模式而已。你学习能力这么强，只需要在我们公司学习一段时间的专业知识，掌握一些基本的销售流程，一定可以做得比那些销售精英还好。

（6）后续活动举办案例（见图4-25）。

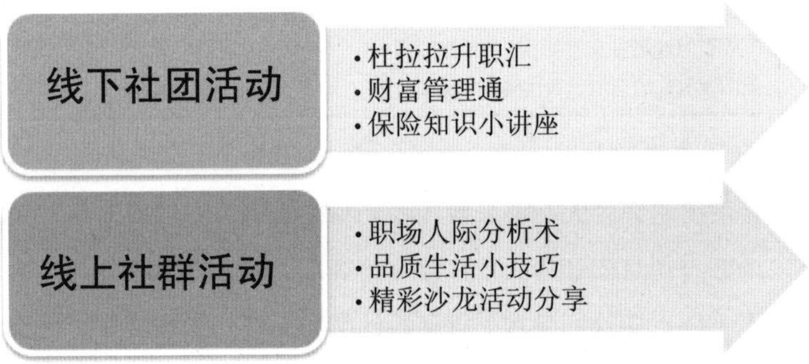

线下社团活动
- 杜拉拉升职汇
- 财富管理通
- 保险知识小讲座

线上社群活动
- 职场人际分析术
- 品质生活小技巧
- 精彩沙龙活动分享

图4-25　后续活动形式

在职财务的工作相对单调乏味，诸如这类一直以来学习专业技术的人才，更喜欢条框性思维模式和规范的工作环境以及工作流程。在他们对保险意义与功用没有深刻了解的前提下，太急于让对方加盟保险行业是不明智的。在增员在职财务的时候，首先要让对方对保险行业建立一个正确的认知，进而讲解保险行业公平、公正的晋升平台以及未来发展的空间。如果我们的团队有曾经从事财务的人才也可以作为案例展示给准增员，这样的增员方式更有说服力。

学习心得

你目前增募的是哪些人群？准备如何增募新的人群？

....

....

....

....

....

第五章

合伙人留存体系：
留住心 + 留住人

第一节
合伙人留存的两大关键要素

在构建的合伙人计划中,一个至关重要的环节就是合伙人的留存问题。招募来的合伙人留不住,无论对于团队长还是合伙人来说都是一种伤害。其实让一个人做保险工作比让一个人购买一张保单要难得多,从人才的选择,到一次、两次甚至更多次的面谈,每一个合伙人的增募过程都倾注了团队主管的精力和心血。如果招募来的人留不住,从时间投资的角度来讲是非常不划算的,甚至会给团队造成负面影响。

有一位非常优秀的主管和我分享过一个让人痛心的故事:

这位主管个人业绩非常好,但是因为要晋升,就招募了几位好友到公司来,因为主管属于单打独斗型的人才,不懂得辅导和培养自己的合伙人,结果这几位好朋友都因为各种原因离职了,甚至有个原本关系不错的朋友,因为这次合伙经历形同陌路,最后这位主管彻底丧失了再次增员的信心,只愿做一个绩优业务员。

对于我们的合伙人而言,选择一份职业是非常慎重的。很多人之所以离开保险公司,往往并不是因为真的做不好,而是还没来得及理解保险行业的本质,最终得出一个保险都是骗人的错误认知。

导致这种情况发生的原因有两种:一种是在增募的过程中流程的错误或者误导增员,这种情况目前已经越来越少了;第二种是合伙人加盟后,公司的留存系统构建不够完善，主管辅导不到位，这种情况现在越来越凸显，也被大家重视了起来。

要想留住合伙人，我们既要构建能够帮助新人快速提升收入的辅导模型，让新人赚到钱；同时也需要构建及时帮助新人解决问题的辅导流程，让新人觉得自己的成长时刻被关注，能够快速融入团队，留住新人的心。所以我们说，合伙人留存的两大关键要素就是留人和留心。

留人工程

绝大多数人找工作的核心诉求是养家糊口，改善自己的生活水平，所以，无论我们的工作多么神圣，都要以满足合伙人的收入为前提。在增募过程中，很多主管都愿意用收入作为吸引点来吸引准增员加盟团队，"年薪百万不是梦"是我们经常挂在嘴边的增募话术。可是真的到公司工作以后，有多少人真的赚到了年薪百万呢？如果没有赚到，我们的合伙人会怎么想？如此大的一个憧憬，结果被现实骨感到渣都没有。这就是为什么很多优秀的合伙人最终会选择离开的重要原因。

要解决这个问题有以下两个关键要素（见图5-1）。

图 5-1 留住合伙人的要素

（1）不要在增募的时候过分许诺

最好根据准增员的实际情况量身定制适合他的岗位和收入，给准增员一个可以期待又需要努力才能够达到的收入目标，并且帮助他做好规划，这样可以规避因为过高的期待导致的失落感。

（2）构建一个严格的辅导训练系统

实际上帮助合伙人快速赚到期待的收入的方式并不是主管直接陪访出单，因为授人以鱼不如授人以渔，所以这里我们说的辅导训练系统就是在新人从业之初培养新人良好的习惯,训练新人较强的从业技能。我们坚信过程管理要强大过结果管理。

留住新人要紧抓"三率":出勤率、通关率、活动率。这"三率"是确保新人能够赚到钱,并且持续赚到钱的主要因素,我们在第二章第四节已有详细论述,这里不再赘述。

 留心工程

要想让我们的合伙人跟我们并肩作战,持之以恒地一起发展、一起成长,留住心才是最关键的。之所以叫合伙人,是因为我们具有相同的价值观、共同的发展愿景、彼此信赖的团队文化,只有符合以上标准才能称之为团队。

经验告诉我们,新人离职的很大一部分原因是因为心受委屈了,例如很多主管在增员时许下了一些不能实现的诺言,新人来了又无法兑现。或者很多主管刚开始比较关心新人,一旦新人开单了,就默认新人各方面技能都成熟了,于是忽略了新人其他方面的问题,没有及时发现和解决新人心理上的不悦,最终演化到新人离职的不可挽回的局面。

要留住新人的心,既要在文化上博得认同,还要在新人心态出现波动时,及时辅导并帮助新人解决问题。文化认同源自于标准化增员流程有效地植入以及每日晨夕会经营和日常团队活动的参与。

新人心理波动的三个"二",指新人入职的第二天、第二周、第二个月。这些关键时刻是新人容易产生心理波动,并且会造成一定影响的关键时刻,主管应该及时与新人进行有效沟通,疏导新人的心理波动,帮助新人建立正确的价值观念,培养新人良好的技能。这三个"二"的详细内容我们在第二章第四节有详细论述,这里不再赘述。

第二节
合伙人辅导的十六个关键时刻

> 在合伙人的留存系统中,关键的三大要素就是培训、辅导和会议系统。培训和会议一般是用来解决共性问题的最有效方法,而辅导更倾向于个性化问题的解决。组织要想稳健发展壮大,其重要保证必须是有良好的效益,即每个合伙人的绩效或 FYC 都保持相对较高的水准。良好的辅导系统能够帮助合伙人快速提升业务技巧,提高绩效水平,而且对团队的人员稳定性和整体士气与活力都起着至关重要的作用。

那么什么是辅导?

从定义上讲,辅导就是辅助与指导。辅助就是协助新人做好自己的工作,即在工作上采用适当的方法,协助我们的合伙人获得营销技能、增员技能、客户服务技能以及团队管理的基本能力。新人辅导的核心要素其实就是培养新人的 KASH,即通过辅导帮助新人具备完善的保险知识体系、良好的从业心态、较强的基本能力以及高效的展业习惯。指导就是在适当的时间提出他的不足之处,并帮助他进行改进和提高的过程。

新人入司前六个月的辅导成效将直接关系到新人的收入以及留存。俗话说:"万事开头难。"头开好了,基础打牢了,新人的留存时间自然就长了。不难发现,如果一个组织构建了完善的辅导流程,那么也能够快速地培养新人伙伴成为团队的中坚力量,快速进入师傅的角色,团队的人力迭代以及快速发展就指日可待了。

同我们做业务一样,辅导也有各种不同的目标,有时候辅导是为了帮助新人解决当前的问题，提升业绩能力或者完成竞赛指标；有时候辅导是为了帮助新人快速成长，从一个被辅导者成长为一个辅导者。

针对新人的辅导，我们总结了十六个关键时刻，这里所说的关键时刻，即MOT，借鉴了客户服务满意度研究的关键指标概念。

MOT是上个世纪80年代北欧航空卡尔森总裁提出的——平均每位顾客接受其公司服务的过程中，会与五位服务人员接触。平均每次接触的短短15秒内，就决定整个公司在顾客心中的印象。这里我们把合伙人当成我们的潜在客户，我们的每个辅导就是客户服务的关键时刻，基于这样的思考维度展开的辅导效能会大大提升。

新人辅导的十六个关键时刻，是通过对新人从业初期遇到的多个第一次的协助和指导，帮助新人迅速迈过一个个难关。这个过程中既有事前辅导，也有事后疗伤；既有问题的解决，也有喜悦的分享。不仅可帮助新人迅速成长，对辅导者本人也是一种历练和提升。本节中我们会分别针对这十六个关键时刻进行新人心态的解读、问题着眼点的思考以及辅导流程的解读。

第一个关键时刻：第一天上班

大家都知道，第一印象的好坏几乎可以决定销售工作的成功与否，新人第一天上班感受的好坏对他日后在这一行业的发展也将产生深远的影响。因此，新人第一天上班的辅导至关重要。不知道大家是否还记得自己第一天上班的时候是怀着怎样的心情，你期待你的主管给你带来一个怎样不同的团队和未来？如果你今天要换一个新的工作环境，你希望在第一天上班的时候你的师傅如何教导你？此刻你可以先停下来，不要急着阅读本节，拿起一张白纸，把你的需求写下来。将心比心，我们有这样的想法和诉求，相信我们的新人也有这样的需求吧。这时，你可以回顾一下自己作为新人上岗的第一天，你一般都会做哪些事情呢？

我们的职场环境对于新人来说，是全新的，他有许多的好奇、疑问，甚至不解，这些都需要我们的引导和提前沟通。还有一些我们早已习惯了的规章制度也需要我们做出明确的要求。很多主管会说，新人在新人班上课的时候其实已经了解了我们的办公环境，但是毕竟今天是第一天上班，对于很多人而言，意义是完全不同的。我们要让生活中多一些仪式感，这样会给我们的新人留下非常深刻的印象。

新人第一天上班的标准辅导流程如下：

 上班前一天我们要和新人进行沟通

和新人沟通的内容包括上班时间、地点、着装要求、手机关机或者震动等管理要求。同时我们可以告知新人，第二天会为他举办一个迎新会，他需要精心准备一个自我介绍，避免第二天被请上台以后感到措手不及而造成尴尬。同时我们也需要告知新人上班的时候需要准备的工具，包括客户档案表、工作日志等。

 上班当天上午我们要带领新人参加大早会、二早

早会结束后要带领新人熟悉职场环境，包括人事内勤，了解各岗位内勤的工作职责以及未来会在什么情况下协助和辅导新人，并且要把新人正式地介绍给相关的内勤管理人员。同时也要带领新人熟悉公司的办公环境，哪里是我们的客户洽谈区，哪里是晨夕会的经营区域，哪里是我们的荣誉榜等。对职场环境的熟悉过程也是我们向新人介绍工作特征的过程，比如介绍荣誉榜的时候，可以给新人树立目标，帮他寻找一个可以追赶的榜样，同时为新人安排好座位。

如果主管做得比较好，中午可以跟新人一起用餐，并且介绍公司周边的环境给新人了解，比如哪些地方适合约见客户，哪些地方可以完成自己的工作餐等等，这也可以让新人更好地融入整体工作环境。

第一天的下午是非常关键的时刻，新人熟悉了工作环境以后，也要初步熟悉工作流程。新人上班的第一天尽量全天都在公司，下午主管要协助新人回顾在入司前设定的基本目标，然后帮助新人盘点客户名单，切记盘点客户名单的过程不是让新人自己填写，而是需要主管从旁协助，新人一边填写，主管一边询问客户情况，并且帮助新人做好分析。在新人客户名单盘点完以后，主管要协助新人优选出三个最有价值的客户，设定陪访目标，并且协助新人填写好本周的工作日志。一天的工作收获满满，新人回到家也会觉得能量满满。

第二个关键时刻：第一次电话约访

在新人上班第一天下午的辅导过程中，其实还有一个关键环节就是电话约访。

主管帮助新人寻找三个最有价值的客户后，要辅导新人做电话约访。电话约访的辅导是标准化营销流程的开始。很多主管忽视了新人电话邀约的辅导，认为这是非常简单的技能，但是对我们主管而言简单的不等于对新人简单。大部分新人无法约访客户，业务能力较差就是因为不会电话邀约。主管要从电话邀约的技能开始，将我们的经验复制给新人。

面对第一次电话约访的新人，他们会有哪些困难和疑惑呢？我们又该从哪些方面对其帮助和辅导呢？一般新人会出现以下困惑（见图5-2）。

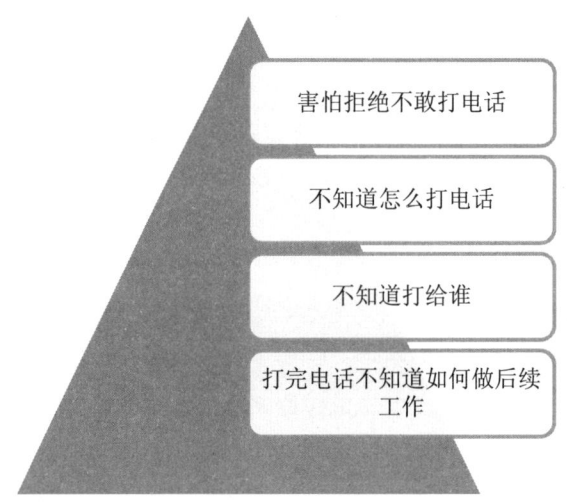

图 5-2　新人面对电话邀约时的困惑

一个完整的电话邀约辅导需要从以下这几个方面展开（见表5-1）。

表 5-1　电话邀约辅导培训

解决新人的心理困惑	一般新人不敢打电话都是害怕在电话邀约的过程中被拒绝，这时候主管要给新人讲解电话邀约的好处。告知新人在电话里被拒绝要好过实际面谈时被拒绝，而且电话邀约只是客户筛选的过程，并不是要在电话里促成业务，所以不用担心。同时主管还要在电话邀约之前帮助新人分析客户的情况，使其树立信心，按照电话邀约话术进行规范化邀约一定会有结果。
帮助新人寻找合适的邀约对象	新人不知道应该给哪些客户打电话邀约，一旦选择了错误的电话邀约对象，很可能给新人造成一定的心理压力。所以在主管辅导新人填写客户档案表的时候，需要协助新人做好客户分析，帮助新人找到适合马上邀约的目标客户。

第五章　合伙人留存体系：留住心 + 留住人

（续表）

协助新人进行电话邀约的演练	新人在新人班学习了电话邀约的话术，但是话术运用得怎么样，有没有理解话术的要点，还是个未知数，比如在电话里不要谈保险等关键问题。这时候主管最好可以扮演客户，跟新人进行一次演练，并且提出一些问题要求新人来处理，这样既锻炼了新人的能力，也强化了新人的信心。演练之后，主管可以让新人现场给客户打电话，自己聆听，并在电话结束后，及时辅导新人。
协助新人填写客户档案和工作日志	电话邀约结束后，主管要跟新人确认这次电话邀约是否成功，以及收集到哪些信息。已经邀约成功的客户要填写工作日志，把确认见面的日期填写好。没有邀约成功的客户要根据收获的客户信息填写客户档案表。并且告知新人，在电话邀约结束后，要及时给客户发信息表示感谢并提示见面时间。

第三个关键时刻：第一次拜访客户

客户约好了，按照标准化销售流程，新人下一步的工作就是——拜访客户。第一次拜访客户，事前的准备工作和新人的心态辅导显得尤为重要。作为主管，我们要对新人第一次拜访进行事前辅导和事后辅导。

◆ 事前辅导

在事前辅导的过程中，主管首先要协助新人做好客户信息收集与分析，并跟新人明确拜访的目的。有时候新人容易急功近利，希望一次拜访就能够成交。但恰恰因为对客户情况掌握不够全面或者过分乐观，会导致第一次拜访不成功，甚至给新人心理造成一定的影响。所以主管应该给新人明确初次拜访的目的以及拜访的流程，并对客户情况做出预判，帮助新人熟悉可能会讲到的理念或者产品。在新人拜访客户之前，还应该帮助新人检查展业工具准备是否齐全。

◆ 事后辅导

在新人结束首次拜访之后，主管要及时与新人取得联系，了解拜访的情况，并及时帮助新人解决问题。如果新人拜访顺利，主管只需要再次帮助新人强化理念，并且针对客户情况予以分析，做好下次拜访的规划即可，有必要的话，主管也可以承诺下一次作陪访。但如果新人拜访情况不理想，就容易引发心理问题，此刻主管必须及时帮助新人消除恐惧，重点帮助他做好两方面的心态建设（见图5-3）。

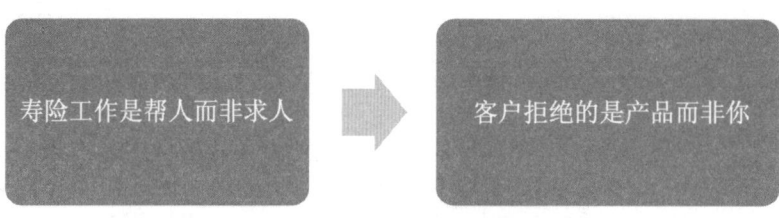

图 5-3 拜访客户失败后的心理辅导

> 第一次拜访是新人独立展业的开始,也是新人寿险职业生涯的开始,一切良好的习惯和思维模式都是从这里开始的,所以做好第一次拜访的辅导非常重要。

第四个关键:第一次陪访

很多时候,新人的第一张保单都是主管在陪访的过程中协助签订的,体现了师徒关系,强化了新人对主管的信心。但是这并不表明第一次陪访一定要成交,主管大可不必有任何心理压力,只要按照正确的辅导流程进行陪访辅导即可。

首次陪同展业的目的是减轻新人的心理压力,帮助新人建立良好的客户关系,并且由师傅将专业化销售流程展示给新人,以提供展业模板,帮助新人更好地学习成长,以达到成交客户、辅导新人、提升能力、增进交流的多赢结果。首次陪同展业一般是观摩式陪同展业,在大多数情况下,就是我们做给新人看,事后进行分析整理,使新人形成一个直观的感性认识。第一次陪访,不仅是对新人,对主管也是一个考验,其重要性可见一斑。

◆ 事前辅导

(1)主管心理准备

在陪同展业的过程中,首先需要做好心理准备的不是新人,而是主管,有的主管过于在意自己在新人面前的表现,反而会适得其反。所以作为主管,在陪同新人展业之前,首先要做好自己的心理准备,我们需要建立三个非常重要的价值认知(见图5-4)。

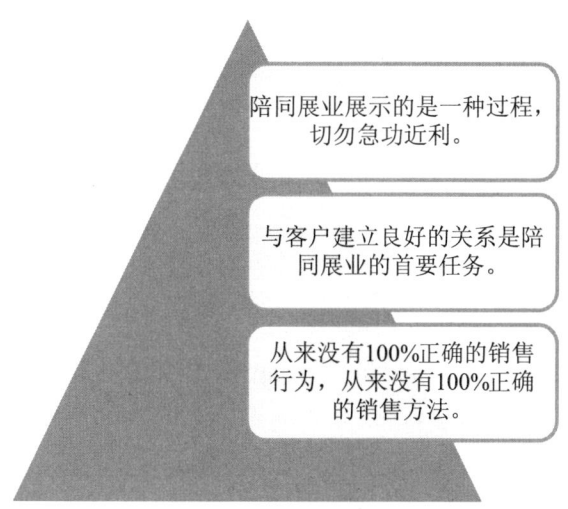

图 5-4　陪同新人展业前主管的心理准备

（2）客户信息准备

主管需要协助新人尽可能地完善客户信息，并结合客户情况分析客户的潜在保险需求，分析可能会出现的拒绝问题，并且与新人明确本次拜访的目标，做好拜访的计划。同时主管要与新人进行拜访前的演练。

（3）营销策略准备

拜访前主管与新人要做好明确的角色分工，让新人了解应该如何向客户介绍主管，两个人在面谈过程中需要如何配合。哪些事情由主管进行沟通，哪些由新人来协助。同时也要准备好拜访需要的展业工具。

◆ 事中辅导

双方按照约定的角色定位和流程进行拜访，主管只需要在与客户沟通的过程中力求专业，给新人起到良好的示范作用即可。同时也要注意观察新人的行为和表现，记住新人存在的问题，以方便事后辅导。

◆ 事后辅导

拜访结束后，主管要及时对新人进行辅导，此刻是新人对拜访整个流程印象最深刻的时候。首先主管要与新人沟通本次拜访的感受和心得，明确是否达成预先设定的目标；带领新人再次回顾整体拜访流程，解释特定环节的行为，分析客户的具体情况以及指定下一次的拜访规划。同时主管也要指出新人存在的问题并提供改善建议。在事后辅导的过程中，主管要公正客观地带领新人跳出拜访的场景，以第三者的视角来解读整个拜访过程，主管要保持谦和的态度，不要让新人感到有太大压力。

第五个关键时刻：第一次遭受拒绝

拒绝是销售的开始，没有拒绝就没有销售；销售的工作就是寻找拒绝的过程；客户的拒绝只是一种本能的行为，并非他本人的真正意图；客户拒绝的只是销售的行为，而不是你这个人……这些我们早已明白和理解的理念，对新人来讲却是进入寿险业后最严峻的考验，处理得好坏直接决定了新人的去留。

面对第一次遭受拒绝的新人，我们必须慎之又慎。根据新人的状况，结合我们自己的成长历程对其进行辅导。新人在第一次遭遇拒绝的时候，往往会表现出对行业或者对个人能力的怀疑，尤其在频繁遭遇拒绝却得不到解决的时候。内心强大的新人会主动寻求帮助，而内心不够强大或者碍于面子的新人会内化这种拒绝带来的负面效应，甚至会导致新人离职。

主管应该及时发现新人的心理变化，在新人拜访的初期要多与他沟通，及时了解新人遭遇到怎样的拒绝，这种拒绝对新人的影响有多大，然后分别在心态上和技巧上对新人进行辅导。

第六个关键时刻：第一次设计建议书

建议书设计既是新人从事销售工作的必修课，也是业务人员走向专业化的开始，直接关系到新人能否准确向客户阐述产品的基本技能。所以主管在辅导新人设计建议书的时候，不仅是在辅导新人去哪里寻找建议书模板或者如何打印，也是一次非常好的辅导专业化销售流程的过程。

现在的建议书分为纸质版建议书和电子版建议书两种。随着电子化展业越来越深入到我们的日常工作中，每一款新产品出现后，都可以在公司内部系统里打印出来产品建议书。主管的核心工作就是帮助新人让建议书产生更大的效果。

纸质版建议书

一般而言，纸质版建议书上的数字相对较多，看起来也复杂，如果新人直接拿着纸质版建议书去拜访客户，很大概率会出现因繁多的数字和专业术语而与客户纠缠在细节中的局面，结果无法促成。所以，主管在协助新人打印完纸质版建议书之后，要询问新人该建议书主要解决的是客户的什么问题？帮助新人归纳总结该建议书解决客户的三大核心问题后，协助新人整理一份"致客户的一封信"或者是"保险购买三建议"等能够简明扼要地说明该建议书核心理念的文字说明书，附在建议书之前。这样也能够提高新人成单的概率，哪怕此次拜访没能实现签单，也可以留给客户，作为后续了解建议书的关键工具。

另外，主管还要询问新人，在这份建议书中，哪些关键数据是我们必须要让客户了解的，要用彩色水笔把这些关键数据标注出来，以便讲解的过程中吸引客户的注意力，避免数据过多引发不必要的麻烦。

电子版建议书

由于无纸化办公的普及，现在我们随时可以运用微信等软件给客户发送电子版建议书。这种建议书的发送提升了工作效率，但是也降低了业务人员面见客户的频率。很多新人将计划书发送给客户后，往往都杳无音讯，而新人又不知道如何进行有效跟进，最终导致建议书设计了很多，但时效性很差。所以主管应该辅导新人在给客户发送电子版建议书之后，再给客户发送一段有助于了解建议书内容的文字，并且及时邀约客户进行面谈。

例如：

尊敬的××先生/女士，感谢你对我的信任，以上是我结合你的需求为你设计的简要电子版保险计划书，你可以点击进入，在计划书的第×页，你可以选择你的领取年龄和分红等级，然后计划书会自动显示出你的预领金额。

但是保险产品的分红是不确定的，我建议你参考中等分红进行了解。你可以先自行阅读，如有不理解的情况可以随时联系我为你详细解答。你购买保险一定是要做全面的人生规划，该计划书只能向你粗略展示我司产品的特征，无法解决你的所有问题，我会在三个工作日内与你取得联系，希望有机会与你当面沟通，协助你更好地了解保险产品，做好保险规划。

第七个关键时刻：第一次签单

第一次签单对新人而言非常重要，也非常值得纪念。在获得客户承诺后他们会沉浸在签单的兴奋中，但是一旦到单据填写或者后续处理问题的时候，就会觉得麻烦，认为做一张单子竟然还要处理这么多问题，填写单据经常填错这里或那里，被收据罚款等折磨得怨声载道。此时，就需要主管的关心帮助了。但必须切记：主管不要为新人包办一切，而要在签单前和签单后做好相关辅导（见表5-2）。

表5-2 主管在签单前和签单后的相关辅导

签单前	主管要指导新人填写投保单和收据，明确填写规则（最好提供一个范本），这样可以最大程度上避免新人因填写错误带来的麻烦，也可以避免在客户面前表现出工作的不专业。同时主管在新人正式去签单之前也要提醒新人控制签单时候的情绪，避免由于兴奋或者表达失误给客户造成不必要的误会，最好可以一起模拟一次签单的流程。
签单后	主管要在新人签单后，明确告知交单流程，指导协助新人办理交单手续；并且要跟新人针对第一次签单的情况进行一次复盘，让新人知道每次签单都是一种学习和总结。最后主管要告知新人第一次签单的佣金情况，并且协助他做好快速转正的目标。

第八个关键时刻：第一次核保未通过

第一次核保就没有通过，这对新人来讲是一件烦恼事。帮助业务人员处理好这烦恼的第一次，对其以后树立正确的核保观念、正面处理和内勤的关系将产生积极的影响。辛辛苦苦谈了一笔业务，无论由于什么原因导致没有签单成功，对新人的影响都是非常大的，而且对客户也存在一定的伤害。这时候，主管要做好积极正面的辅导，既让新人能够在心理上接受这个事情，同时也需要很好地处理客户的不满。最重要的就是总结经验，避免以后出现类似的问题。

先端正自己的心态，积极正面地处理问题，做好新人的解释和说服工作，避免新人与核保人员产生不必要的误会，可以借此机会让新人去跟核保人员请教，更好地学习核保流程，避免以后出现类似的错误。第二个方面是辅导新人处理核保未通过的客户问题，毕竟客户核保未通过会觉得非常沮丧，对公司或者新人也会产生一定的误会，此刻新人如何进行核保未通过的解读，借机跟客户深度沟通寿险意义与功用很重要。第三个方面是新人对待内勤的态度，有些新人由于对核保流程不理解，或者因为核保没通过而患得患失，会迁怒于内勤方面，这样不但对核保没有任何帮助，还会影响新人未来对公司、对内勤先入为主的认知。所以，作为主管，此刻更应该给新人培养一种内外勤有效合作的观念。

第九个关键时刻：第一次递交保单

第一次递交保单，新人的心情是最兴奋的，也因为兴奋，往往忘了原本该做的很多事。这时主管可通过演练等对新人进行第一次递送保单的训练，告之递送保单的重要性及递送时的各项要求，尤其是转介绍要敢于开口。

一般第一次递交保单前，主管要教会新人核查保单是否有错误，核对无误后应摘录保单重要信息，为建立客户档案做好准备。同时主管要与新人演练一次保单的讲解流程，尤其是对一些关键词汇的讲解，例如现金价值、保费豁免等条款。当客户问及相关词汇时，新人的解答方式和解答流畅度都会影响客户对新人的看法。最后一定不要忘记辅导新人运用保单回执寻求转介绍，这是新人最容易忽略或者不敢进行的环节，往往在第一次递送保单的过程中养成良好习惯，对未来会有很大帮助。

第十个关键时刻：第一次分享

经过不懈的努力，新人终于完成了入行以后的第一单。成功的喜悦激荡在心间、洋溢在言行里。这时是邀请新人进行第一次分享的最佳时机。新人上台分享不仅是对自己的一种认可，也是很好地帮助新人梳理和总结的过程。我们发现经常上台分享的业务人员不仅业务做得好，团队认可度和留存度也非常高。但是，新人的问题也来了——该讲些什么？又该怎样讲呢？我很紧张怎么办？这时就需要主管做好新人辅导。

首先主管辅导的应该是新人的分享内容，要帮助新人理清分享的流程和逻辑，避免由于紧张或者逻辑不清在分享时抓不住重点，让大家听了感受不好，新人也觉得没面子。一般新人首次上台分享时要分享的内容包括：客户的来源、险种的构成、签单经过等关键点提炼、遇到的问题以及解决方法，通过第一次签单自己的感受和体验等。主管帮助新人梳理完分享流程后，也可以带着新人在大早会现场进行一次演练。

其次，在新人分享的时候主管要给新人拍照留念，分享结束后要鼓励新人，期待他未来可以做得更好，并介绍他进入公司的兼职讲师团。同时，也可以把新人早会分享的照片发到朋友圈，帮助新人树立更好的保险从业形象，这对其未来的发展也是非常有帮助的。

第十一个关键时刻：第一次退保

好不容易做来的业务，客户却提出退保，这真是一件令人沮丧的事。新人的情绪也会因此变得低落，甚至会因此加重"保险难做"的想法而萌生退意。此时，主管的帮助和辅导就显得格外必须和重要，而在辅导过程中，心态的调整是一方面，透过实际的行动帮助新人分析解决问题则更为重要。

首先是心态层面的辅导，主管要培养新人用积极正确的心态对待客户退保，要明确退保是客户的权利，客户做出这样的决定是没有问题的。客户退保并不等于以后不会继续成为我们的客户，所以在退保过程中的服务也决定了客户对公司、对业务人员的信任，如果我们这次能够协助客户更好地办理相关手续，并且在服务中博得客户的好感，未来就拥有了持续服务的机会。

其次是协助新人了解客户退保的真正原因，以协助新人制定应对策略。如果客户是心理动摇，被身边的人影响，尚有挽回余地，主管可以协助新人进行陪访，最大限度地挽留客户；如果是因为客户确实有困难，我们应该协助客户办理好退保事宜，感谢客户，便于未来更长久地持续服务客户；如果是因为同业竞争等原因，要做好策略的制定，再次跟进客户。

但无论何种原因，我们都应该辅导新人建立正确的认知：退保也是一种服务，是客户的权利，客户永远是对的。通过服务建立客户对公司和业务员的信任，当一个客户享受到退保的服务时，他才能真正认识到这家公司是值得信赖的，再次投保的机会很大。

第十二个关键时刻：第一次交叉业务

对于客户而言，保险代理人不仅仅是经营寿险业务，每个保险从业人员都应该是理财规划或者综合保障的服务人员，所以交叉业务的受理现在也是非常常见的，如何处理和应对交叉业务就成了新人的必修课。

主管要陪同新人到公司相关交叉业务部门进行学习，一方面要了解交叉业务的办理流程，另一方面也要介绍相关工作人员给新人认识。因为财产业务和团体业务的办理手续相对复杂，流程也更加繁琐，所以最好可以让相关工作人员给新人一份条理清晰的说明书，这样在新人日后遇到同样问题时，也可以更好地处理。

最后主管要辅导新人了解交叉业务的佣金结算方式，让新人建立信心，为客户提供更多、更专业的综合性保险服务。

第十三个关键时刻：第一次陪同客户体检

陪客户体检也是我们销售工作、客户服务的一项重要内容。因此，我们首先应辅导新人对体检这件事树立正确的理念，不要因为客户被抽检而产生逆反情绪，甚至影响到客户的体检工作安排，这样就得不偿失了。然后，当然还要学习掌握体检的流程和有关注意事项。

主管应该首先给新人介绍体检的基本常识，例如体检前的晚上不能喝酒、晚睡或者剧烈运动，体检当天早上要空腹等，并且协助新人编辑好体检前的告知事项发给客户。其次，主管要辅导新人建立正确地对待体检的认知，了解体检的重要性和好处，教会新人在客户抱怨的时候机智的应答。最后，主管要辅导新人在客户体检的过程中正确陪同，哪些项目会比较耗费客户时间，可以让新人提前帮客户排队或预约，并且为客户准备早点，以示体贴。

第十四个关键时刻：第一次理赔

面对客户的第一次理赔，无论是业务人员还是客户，都会手忙脚乱。但保险公司的信誉是赔出来的，对客户的赔付也是保险公司得以存在的重要原因。协助新人办理理赔不仅是对寿险意义与功用最深刻理解的时机，也是让新人和客户建立对公司信任的最佳时机，同时我们也可以在这个过程中，更直观、更清晰地辅导新人掌握理赔的知识。当然，客户申请理赔也可能会被拒赔，那么就需要对新人进行信心的建立和辅导，了解拒赔的原因，辅导新人在公司拒赔的时候跟客户进行清晰明了的解释。

针对新人理赔的过程，我们应该既辅导新人的正确应对心态，也辅导标准的业务流程。首先要让新人了解客户出险情况和客户购买的险种；告知理赔流程（包括如何报案、报案的内容）；理赔资料的准备（最好提供一张清单）；陪同报案，介绍理赔人员。这一系列公司内部事宜处理结束，还要告知新人如何应对客户的问题。如果理赔顺利，应指导新人以理赔服务为契机，获得客户认同，进一步拓展业务；针对重大事件的理赔服务，还要做好客户的安抚服务。如果公司拒赔，应协助新人查询原因，辅导其建立正确的认知，并协助陪同拜访客户做出说明。

第十五个关键时刻：第一次拜访大客户

新人遇到大客户往往都是异常兴奋的，因为大客户代表着未来持续不断的大业务。但是正因为是大客户，会使新人产生紧张情绪。所以在新人去拜访大客户之前，主管要做好心理和拜访流程的辅导，这样可以最大限度避免新人出现不必要的失误，影响拜访热情。

首先，主管要跟新人了解大客户的资料，辅导新人通过更多的渠道和方式侧面了解客户的情况，协助新人做好拜访计划，不要急于求成。其次，主管也要辅导新人用平常心对待大客户的拜访，大客户对业务人员服务能力和专业度的要求都是较高的，要让新人通过拜访大客户的过程提升个人专业能力，以学习和服务的心态进行大客户拜访会更加有效。最后，要辅导新人如何进行大客户的拜访流程，与新人进行辅导演练，并告知其如有需要可以进行协同展业，让新人更有信心。

第十六个关键时刻：第一次领取佣金

经过不懈的努力，新人终于拿到了在保险公司的第一笔收入，此刻对于新人而言既兴奋又激动，也是主管再次强化其保险从业信念的最好时机，同时主管也需要在此刻辅导新人合理规划自己的收入，以便在寿险行业能够越做越好。

首先，主管要为新人解读工资条，第一笔佣金的构成包括什么，其中公司的奖励部分有多少，培养新人感恩的心，同时也要告知新人未来如果晋升到主管或者更高的层级，收入会不断增长。其次，主管可以建议新人进行第一笔佣金的分配，帮助新人树立正确的理财观念，比如可以回报家人的理解与支持，也可以给客户购买一些小礼品，作为下一步客户经营的准备等。最后，主管可以带领新人把佣金从银行卡里取出来，拿着沉甸甸的现金照一张照片作为留念是非常有意义的，如果可以，还可以帮助新人发送一条朋友圈，写一下保险行业的从业心得，这有助于帮助新人进行增员。

第一笔佣金的领取既是对第一阶段工作的肯定，也是下一阶段工作的开启，佣金发放日是主管为新人规划下一阶段目标最好的时机，不要错过哦！

通过以上的辅导和训练，我们可以说，已经将新人送到了市场，正是这些第一次的处理和辅导训练逐步坚定了新人的从业信心，为其成长为一个出色的业务精英打下了基础！

第三节
合伙人的晨夕会经营

> 新人加入保险公司后,由于保险公司是无底薪的合伙人工作制度,因此对于团队管理者来说,做好新人的管理和辅导比传统的团队管理难度要大得多。其实无论是新人还是团队长,都希望加入保险行业以后能够快速成长,尽快地在这个行业站稳并闯出一片天地。然而实际情况往往是理想很丰满现实很骨感,很多保险新人入司没多久,就因为赚不到钱、得不到关怀与帮助、技能无法得到提升等各种原因,对保险行业产生质疑、失望等情绪,最后满腹牢骚地离开。

职场流行着一句话,很多新人是因为公司的品牌和对行业的期待才加入公司的,但是90%的新人离开是因为自己的直属主管。所以,新人留存六个月内是关键,三个月内更是重中之重。对三个月内的新人重点是"留心",也就是我们常说的新人留存关键是做好"人心工程"。而由于保险工作的特殊性,保险人员白天基本上是分散出门展业,所以主管要想对新人做好辅导与管理,公司的政策、方案宣导需要及时清晰地传达下去,这就只有两个时间段可以利用,那就是保险团队的晨夕会。而对于各位团队长来说,尤其是保险公司的二早经营管理,是所有保险团队管理中的核心管理。

营业组二早一般在营业部的大早会后,由各个营业组自行组织召开,主要是为了追踪强化一次早会的效果,进行小组建设、锻炼及辅导组员。二早主要由主管召集小组成员开会,亦可邀请经理列席指导。

但是现在很多团队的二早已经沦为一种形式,我们听到很多团队长抱怨早会难开,成员不愿意出勤,即使出勤也不愿意参加二早,大早结束后就以各种理由请假先走了。同样也听到很多成员跟我们抱怨二早形同鸡肋，内容枯燥无味、千篇一律、没有新意，更谈不上对自己的帮助。其实一次成功的二早召开取决于组员的参与、参与多少、收获多少，要变"要我参加"为"我要参加"，形成一种融洽的会议气氛，做到主任规划、组员参与、团队双赢。主任每天与一名组员组成二早备课组，一起制定二早的主题和内容，并且在备课中体会一种投入的艰辛感与责任感，这样就会形成一种同理心：我认真地准备了内容，希望所有组员都认真参与；而我作为参与者，应该尊重别人的劳动果实，如此营造了二早坚实的组员参与基础。

常见的团队二早问题（见图5-5）。

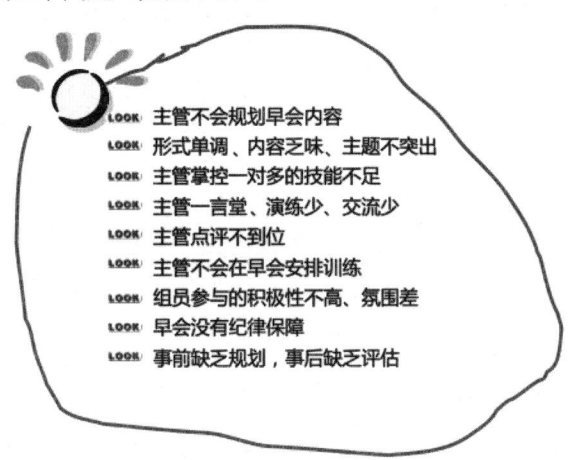

图5-5 常见的团队二早问题

二早的设计流程：

一般我们将二早的流程分成五个步骤（见图5-6）。

图5-6 二早的流程

> 其实组员不愿意来参加二早的原因，主要是认为早会内容对他们没有用，无法解决他们业务上存在的问题，所以主管要学会诊断团队问题，找出团队近期存在的问题，然后制定相应的早会内容，这样对症下药的早会内容，一定是团队成员所欢迎的。

诊断需求

诊断团队成员的问题，可以利用 kASH 的工具来判断目前团队成员存在哪些问题。K(Knowledge): 专业知识；A(Attitude): 工作态度、状态；S(Skill): 营销技能；H(Habits): 工作习惯。主管可以从这四个方面来观察团队成员存在哪些问题。如果是技能问题，早会要加强话术演练，提升技能；如果是工作习惯问题，要强化监督与管理，固化成员的行为与习惯；如果是专业知识问题，就要多讲解产品知识、条款，进行同行业产品对比及大金融领域产品的知识培训；如果是工作态度问题，那就要设计一些团建、团康的早会，加强团队凝聚力，一对一做成员心理疏导。总之，团队成员的主要问题不外乎这四个方面（见图 5-7）。

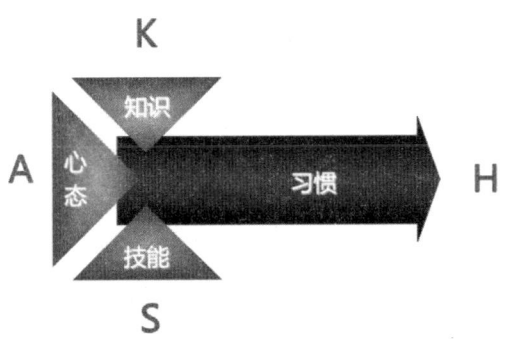

图 5-7　团队成员的主要问题

那么，如何发现团队成员的这些问题呢？主管们可以用四种诊断方法来判断团队存在的问题（见表 5-3）。

表 5-3　判断团队存在问题的四种诊断方法

诊断方法	操作形式	优势	劣势
观察法	主管通过对团队成员日常工作表现的观察来判断团队问题所在	简单易操作	问题的判断容易受主管单方面主观因素的左右，不够科学、准确。
面谈法	主管通过与团队成员一对一面谈，了解团队成员的想法和需求	直接了解团队成员的想法和需求，双向沟通，对成员的问题及需求掌握相对比较直接	团队成员未必会向主管完整、真实地表达问题与需求。
问卷调查法	主管设计调查问卷，由团队成员填写，回收整理出团队目前存在的问题	可以相对真实全面地了解团队目前存在的问题	对调查问卷的真实性以及回收的完整性无法保证
小组 KPI 分析法	主管通过团队以及团队成员的营销 KPI 数据，进而分析团队及团队成员的现状及存在的问题、改善的方向	数据真实、客观，分析比较科学，并且有说服力	对主管的分析能力、营销的要求比较高

一般来说四种方法组合运用效果更好，当我们通过需求诊断方法诊断出我们的团队及团队成员存在什么问题后，要把这些问题的解决办法用 KASH 表格列出来。

例如，王芳小组，下辖 8 人，其中半年以内新人 5 人，一年以上组员 3 人，某月的 KPI 达成情况（见表 5-4）。

表 5-4　王芳小组 KPI 情况

小组人力	当月保费	当月件数	人均件数	件均保费	活动率	月均出勤率
8	8640	3	0.375	2880	37.5%	62.5%

从该小组的 KPI 数据，我们可以看出这个团队存在的问题主要有：人均件数少、件均保费低、活动率低、出勤率低等问题。针对这几个问题，王芳打算从 KASH 四个方面进行改善和提升（见图 5-8）。

图 5-8　王芳小组的 KASH 分析

确定重点

当王芳找出自己团队的问题以及梳理出解决办法后,就要有针对性地开展二早,那么二早时间有限,不可能一下子解决那么多问题,这就需要我们对 KASH 内容进行轻重缓急的梳理,把二早的内容分出重点及优先做的事情(见图 5-9)。

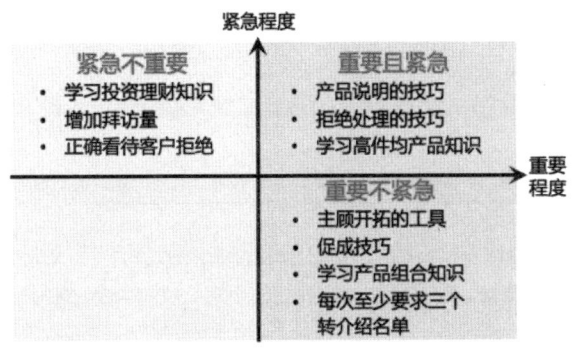

图 5-9 王芳小组 KASH 内容轻重缓急的梳理

一般来说,重要且紧急的事情要最先做,紧急不重要的事情及时做(只要在规定的时间里完成即可),重要不紧急的事情可以抽时间做,提前做好规划,而不紧急不重要的事情可以闲时做。

拟定行事历(详见《附录四:晨夕会经营管理表》),一般营业部或者小组的早会以月或周为时间单位提前拟定行事历,这样便于做相应的规划,相关负责人也好提前做准备。

通常行事历

通常行事历的框架包括五个要素(见表 5-5)。

表 5-5 行事历的框架

时间	会议最好控制在 20～30 分钟,切忌因冗长而耽误成员拜访客户等展业安排。
场所	一般在经理室、会议室、早会教室,或另行选择聚会场所,如咖啡厅、公园、茶楼(像广东的伙伴有的时候会一起喝早茶)等,根据二早的主题可以自行选择合适的场所。

（续表）

分工	根据小组内部角色划分，早会内容、组员的成熟度和参与意识、人才培养需要等来确定合适人选。二早分工包括主持人（要求积极、热情，主管与组员轮流主持）、主讲人（积极、有相关专长，如知识或技能）、外请分享人（能取长补短）、负责人（有责任心、有出色的策划组织能力）。
内容	二早召开的重点包含但不限于以下内容： **政策宣导**：宣布公司政策、新基本法、强化宣导激励方案、宣导相关资讯； **业绩讲评**：表彰优秀者、业绩总结； **经验分享与交流**：展业经验分享、心得理念分享、鞭策业绩落后人员； **辅导训练**：话术研讨与演练、角色扮演、个案分析、头脑风暴、目标强化、市场开拓、条款过关、商品组合、素质提升； **日常管理**：KPI指标总结、昨日拜访状况诊断辅导、相关表格提交、今日工作计划的检查、考勤、活动量管理； **业务员一对一沟通**：单独解决新人或问题成员的技能或心态问题，树立信心。
形式	二早召开的形式有很多种： **小组研讨式**：适用于大部分或全部组员都知晓的主题，如陌生拜访的方法、产品卖点分析等，研讨前一到三天应把主题布置下去，研讨时找一个相对安静的场所，采用头脑风暴的方式，鼓励大家积极发言，不批评、不打击，主持人要很好地掌控现场。 **个人经验分享式**：一般用于组内有人员有较好的业绩、展业经历，或者有人听了好的课、受到重大表彰，看了本好书等等。分享前主持人要与分享人做充分沟通，做到沟通内容感性与理性相结合，避免纯感性的叙述或无实际内容，力求对听讲人有所帮助。 **讲授培训**：根据小组人员的需求确定主题，主讲人要充分备课。 **早餐早茶式**：适用于一些较轻松愉快话题的讨论，如业务员的前景规划，每个人下一阶段的计划、时事、热门话题等。场地一般安排在可用早餐、早茶的地方，有可用的空间和较充分的时间。此种形式多用于调节小组紧张的工作节奏，沟通组员感情，增强小组凝聚力。 **申请支援客串式**：他山之石，可以攻玉。小组二次早会可适当外请一些优秀同仁分享经验、讲授课程。这不仅能让组员学习优秀人员的知识及经验，加强与外界的交流，还能让组员对二次早会产生新鲜感。 **抽奖娱乐式**：多用于节前节后或总结性时点（如季度末、年中、年终）或某激励方案推动结束时。该类早会多用于活跃气氛，鼓舞士气，调节紧张情绪等。在操作时要注意抽奖的公平公正。如果抽奖与业绩挂钩，应让业绩层次与奖品层次互相匹配，避免高业绩者抽小奖或没奖。 **生活常识及艺术讲座式**：业务员展业需要与客户沟通各种话题，多一些生活常识和对艺术的了解非常必要。小组可适时外请专业人员或组内在某些方面擅长的人员开办小型专题讲座，如美容、茶艺、服装、宠物、家居等等。不仅能让组员了解外界事物，更好地与客户沟通，还能使早会内容不断变化，让组员产生兴趣。

 操作实施

一般二早的操作实施分为两个阶段：

第一个阶段是事前准备：人员沟通，征得相关人员的同意并于会前提醒；第二个阶段是资料的准备：早会行事历、训练资料、电脑、小奖品等（见表5-6）。

表5-6　二早的操作实施内容

日期	主持人	主题	资料准备
1.8	主管	角色扮演——电话约访	话术资料
流程		时间　　　　　操作环节　　　　　　　　　　负责人 8:15—8:17　填写两卡、检查工作日志　　　　主管 8:17—8:20　昨日业绩追踪和工作回顾、辅导追踪　主管 8:20—8:25　签单分享　　　　　　　　　　林** 8:25—8:43　角色扮演　　　　　　　　　　主管 8:43—8:45　早会总结　　　　　　　　　　主管	
主题内容		提问：访前做哪些准备？ 简要操作步骤：讲解步骤和话术——示范——组员两两对练、相互点评 　　　　　　——挑选一组通关——点评、总结	

具体操作（见图5-10）。

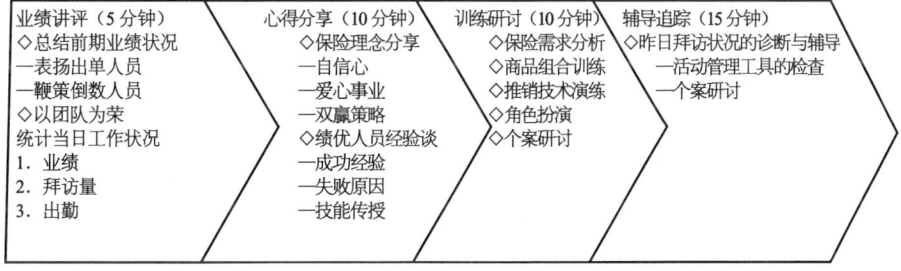

图5-10　会议具体安排事项

具体到实践当中，营业组可根据自己小组的实际经营情况突出重点。比如今日公司推出系列行销工具、系统软件，二早重点就放在行销工具、软件的使用方法上；业务员对产品理解不好，就把重点放在产品分析和组合上等等。但对业务员的日常管理一项是需要每天二早坚持的。

评估反馈

一个早会的效果如何，是否成功、有效，作为主管要对早会的召开情况做出评估与反馈，具体的评估反馈方法如下（见表5-7）。

表 5-7　早会效果的评估方法

沟通	主管一对一、一对多沟通，了解组员对二早召开情况的感受与反馈
问卷调查	每月检视小组 KPI 达成情况 只有持续的评估反馈才能充分发挥二早的作用
二次早会的注意事项	调动组员充分参与，保持二次早会融洽的氛围； 多表扬，少批评； 避免流于形式，内容要实在，解决问题； 防止主题不鲜明，主管对早会的效果要有一个预估； 注意不断更新早会的内容及形式； 主持者能管理和控制会议； 主管对二次早会做好管理、控制。

第五章 合伙人留存体系：留住心 + 留住人

第四节
合伙人的晨夕会管理

> 营业组主管可以利用二次早会对业务人员的日常工作进行管理和追踪，帮助业务人员培养正确的工作方法，树立正确的工作态度，调整心态，提升个人修养，营造团队氛围。

 拜访状况辅导诊断表

拜访状况辅导诊断表提供了对业务员在展业过程中观察的要点，主管在陪同业务员拜访客户时，可以依照拜访状况辅导诊断表，根据业务员的实际表现，理出辅导的要点（见表 5-8）。

表 5-8 拜访状况辅导诊断表

言谈过于夸张	自己滔滔不绝地进行营销，忽略了顾客的反应
商品的说明有误	示范表演的动作不够纯熟
与客户争论问题点	对顾客的反对意见处理不当
事前没有充分准备好商品说明	说明的事项过于复杂
只顾说明商品，忽略了说明商品所能提供的利益	态度过于强硬
无关紧要的话扯得太多，忘记进行营销	服装不够整洁，衣着不够得体
没有尝试做销售促成	对商品的特色不够了解
价格说明方面不够有技巧	被顾客的问题难住，被顾客的声音震住
无法与客户站在同一立场进行商谈	营销的时间过久

 解决人际关系冲突的 12 个配方

解决人际关系冲突的 12 个配方，能有效帮助主管提升自身的修养，保持良

好的心态，以便在小组的日常管理中更加有效地与组员沟通，进而提升整个小组的凝聚力与团队归属感（见表5-9）。

表5-9 解决人际关系冲突的12个配方

相互尊重	保持心胸开阔
寻找共同的基础	要积极，不要消极
确定需求和担心	共同解决问题
尝试重新确认问题或不同点	从自己的词汇中删除"但是"
关注大家都可接受的结果	如果这种方法不灵，尝试其他方法
给出多种选择，保持灵活性	深呼吸

 环境与暗示

美好、成功的期许会帮助营业组营造最好的暗示与最佳的环境，因此主管在日常的小组经营过程中，需要帮助组员明确自我的期许，并帮助组员最终达成自我期许（见表5-10）。

表5-10 营业组营造最好的暗示与最佳的环境

	冲击感——全面环境暗示
人们能接受暗示，也在寻找暗示，同时还能自我暗示	角色固定——潜移默化的暗示
	自我期许——直指人心的暗示
	对客户的期许
美好成功的期许是最好的暗示、最佳的环境	对营销员的期许
	对自己的期许

 有效培养士气的方法

营业单位士气的高低将直接影响每一位业务员的心态，对营业单位的发展前景起着举足轻重的作用。业务主管作为最小营业单位的领头人，义不容辞地肩负着激励士气的责任，此知识点能帮助主管更加正确地认识这个问题，最终达成激励士气的目的（见表5-11）。

表 5-11　有效培养士气的方法

诚意帮助业务员	拟定正确的目标；
	运用有效的营销技巧；
	达成他们的目标。
善待业务员	避免受"主管"这个头衔的不良影响，勿存有"我是主管，我最大"的心理，不断提醒自己，"我为他们工作，不是他们为我工作"。
	人因重视而忠诚，确认他们的重要性，尊重业务员的地位；
	避免偏袒，不要特别爱护某个业务员；
	避免摆出傲慢自大的态度。
说到做到	待人要坦率诚实，不要虚张声势；
	信守诺言，言出必行，有承诺便要做到，做不到的话要说出原因；
	对值得表扬的业务员，要给予奖励及认同。

第五节
构建合伙人育成生产线

在当今保险行业大发展时期,各保险公司都对组织发展、队伍快速壮大想尽一切办法,我们的保险团队长们也都意识到寿险行业增员的重要性。组织发展能使我们的利益最大化,而且很多团队长的增员能力很强,在一年内可以增到很多人,但是由于缺乏后续的跟进,团队经营管理不善,导致新人出现大批量离职,很多公司13个月留存率能有20%就不错了。

其实,增员大增大落的情况在短期内可以给寿险团队带来收益,但从长期发展来看,业务团队受到的伤害远比收益要大,就像很多保险人辛辛苦苦一年增员做到主管,一到年底考核还是光杆司令。如此周而复始,业务团队对增员的热情会大大降低,所以我们在大力倡导批量增员的同时,也要重视入司新人的培养育成体系,让每一个进来的新人都能最大限度地得到各方面的提升、收获,进而成长为一名优秀的保险人。

"新人育成"是指新人在被增员后,进入公司接受的职前培训、岗前培训、衔接训练及活动量管理等针对新人不同阶段采取的相应培养计划。

"新人育成"的目的是让新人通过受训,熟悉公司的商品、掌握寿险销售的技巧,进而能够进行独立的展业,同时养成良好的工作习惯。

通常新人从一名社会人到一名合格的保险人,至少需要一年的时间沉淀。

新人育成体系中,每个环节对新人的成长都要有不同的培养目标,一般来说新人不同阶段的培养侧重点不同(见表5-12)。

表 5-12 针对新人不同阶段的培养侧重点

0-3 个月	树信心。主要帮助新人树立对行业的信心，鼓励为主，帮助答疑解惑，排忧解难，帮助新人拓客、开单。
3-6 个月	练技能。这个阶段的新人通常通过缘故和自保件度过转正期，面临着客户资源匮乏、技能生疏等困难。主管这个阶段要着重提升新人的销售技巧，针对新人的客户群体举办各类客户活动，把客户引进来，帮助新人批量储客、营销。同时强化训练，帮助新人巩固销售技巧，从而使其做到陌生客户出单。
6-12 个月	促晋升。留存六个月的新人，相对掌握了一定的销售技巧，储备了一些转介绍或者陌生客户，对行业有一定的信心和憧憬。主管需要给业绩相对稳定的新人再打一针强心剂，推动其晋升，帮助其做组织发展。新人有了团队，享受到组织发展的利益后，对寿险行业会有新的期待和憧憬，在行业会更稳定。

新人的职前、岗前、转正培训都有公司的系统和制式的培训，那么团队长除了让新人参加制式培训之外，还要对新人做更多的辅导、训练工作，以帮助新人尽快完成从社会人到合格的保险人的转化。在整个育成过程中，新人的销售技能提升至关重要，直接关系到新人的出单情况和对行业的自信心。让一个新人拿着公司介绍、产品介绍直接跟客户交流，对于新人来说难度很大，同时也是赤裸裸的硬推销，容易让新人受挫，所以新人可以通过掌握一些简单的工具图话术来快速地提高自己的销售技巧。

◆ 草帽图

如图 5-11 的草帽图：

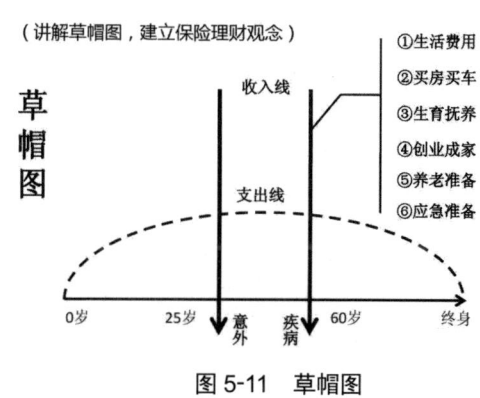

图 5-11 草帽图

草帽图的参考话术：

业务员：张先生，比如这是我们的生命线，从我们出生那一刻开始，还会有另一条线始终伴随着我们，那就是支出线，因为我们一生无时无刻不需要消费，我想这点你也认同吧？

客户张：是呀，现在是生也生不起，死也死不起啊。

业务员：但是我们能赚钱的时间却是有限的，大约就是25～60岁期间，这是我们的收入线，这个阶段我们需要准备一生要花的钱，包括生活费用、买房买车的费用、生育和抚养孩子的费用、孩子长大后创业和成家的费用、自己的养老费用以及家庭应急所需的费用。

客户张：对，我现在的收入已经能应付这些费用了。

业务员：可是张先生，你想没想过，我们遇到什么情况时会中断这些收入？

客户张：大概是生病或者意外残疾的情况下吧。

业务员：张先生，你说得很对，这种情况下我们的收入就无法保障了，但是一旦我们发生意外或者疾病，支出不但不会减少，反而会越来越多！现在不是有句话说"辛辛苦苦半辈子，一病回到解放前"吗？所以说我们的人生需要提前进行规划，未雨绸缪，张先生，你认同这个说法吗？

客户张：嗯。

◆ T形图

业务员要帮助客户了解传统储蓄与保险储蓄的区别，从而找到保险储蓄的优势（图5-12）。

第五章 合伙人留存体系：留住心 + 留住人

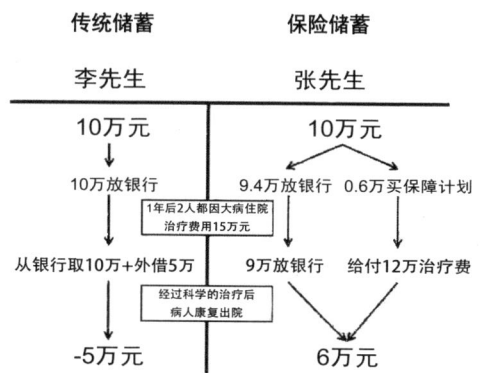

结论：财务安排不同，结果大不相同。
　　　保险，虽然不能让你变得富有，但能防止你走向贫穷！

图 5-12 传统储蓄与保险储蓄的区别

T形图参考话术：

业务员：张先生，你平时都有哪些财务规划呢？

客户张：我也没有特别的规划，都是把钱存在银行，偶尔炒点股票，不过现在股票都被套住了。

业务员：看来你还是很有理财头脑的，像银行储蓄我们一般称为保守投资，假设你现在放进银行10万元，按照银行现在的活期或者定期储蓄利率，大概一年后也就是多个千八百块的利息，对吧？

客户张：是啊，指着银行的钱生钱是不可能的，就放在那里，没什么事也不会去动它。

业务员：是的，我非常理解你这种储蓄心情，因为我曾经也是这样想的。但是后来我发现我错了，因为我们的关注度错了，跟害怕钱的减少比起来，我们更害怕的应该是赚钱的速度赶不上通货膨胀的速度，所以我们现在都会有这种感觉，就是钱都不值钱了。以前10万块可以买好多东西，现在10万块连个卫生间都买不上。你说是吧？

客户张：是啊，随便去趟医院几百块就没了，随便去趟超市就要过百。

业务员：是的，钱放在银行如果我们没有遇到什么意外或者疾病就好，钱还会在银行，但是人生两个事情没办法预知，一个是疾病，一个是意外，说来就来，毫无预警。遇到这种情况就必须把钱取出来，没得商量，而且还有可能不够，需要找亲戚朋友再借个五六万。你看这一下子银行的10万全部取走还多了5万的外债，这就从有存款变成了负债。真的是"辛辛苦苦半辈子，一病回到解放前"啊！

客户张：可不是嘛，现在生不起，死不起，病不起，哪里都要花钱，可是上哪儿赚那么多钱啊？

业务员：是的，银行这点回报完全不够应对我们的意外支出，其实有另外一种稳健型的投资，同样是10万，我们可以把9.4万存入银行，另外6000拿来购买保障计划，万一遇到疾病和意外，保险公司会一次性给付12万让我们应急，这样我们加上银行的存款大概就有21万，像刚才说的那样治疗费15万，病好后，我们账户里还能有6万多的存款。这就是我们保险保障投资最大的好处，可以未雨绸缪，尽可能帮助我们的财富保值。你觉得怎样？

客户张：听起来好像不错。

业务员：你觉得10万够不够，要不要增加？

客户张：我也不太清楚，先按这个来算一下。

业务员：那可以啊，我给你制定一个详细的计划，后天上午或者下午你哪个时间方便？我再来拜访你，向你详细讲解一下。

客户张：那就下午六点，还在这里吧。

业务员：好的，后天下午六点，我们在这里不见不散，张先生，我还想让你帮我一个小忙，我也想把这个好的投资保障计划跟你的好朋友分享一下，你可以介绍三个好朋友给我认识吗？

◆ 标准普尔家庭资产象限图

标准普尔是世界三大评级机构，曾调研全球十万个资产稳健增长的家庭，分析总结出他们的家庭理财方式，从而得到标准普尔家庭资产象限图，此图目前被公认为是最合理、稳健的家庭资产理财方式。

业务员在帮助客户分配家庭资产时，可以利用标准普尔家庭资产象限图（见图5-13）。

第五章 合伙人留存体系：留住心 + 留住人

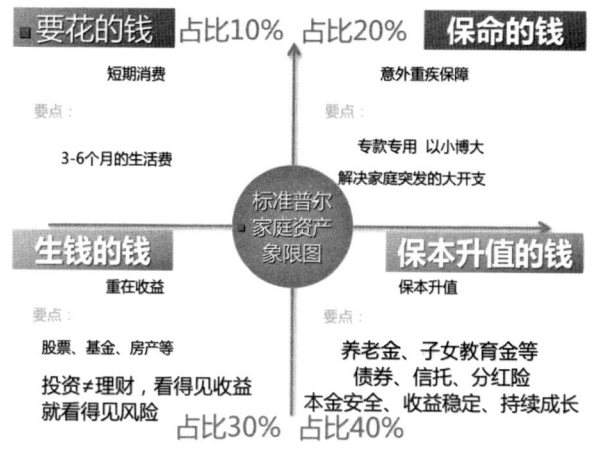

图 5-13 标准普尔家庭资产象限图

标准普尔家庭资产象限图把资产分成四个账户，这四个账户作用不同，所以资金的投资渠道也各不相同。只要拥有这四个账户，并且按照合理的比例进行分配，就能保证家庭资产长期、持续、稳健地增长（见表 5-13）。

表 5-13　标准普尔家庭资产划分的四个账户说明

第一个账户是要花的钱	一般占家庭资产的10%，为家庭3-6个月的生活费。一般放在活期储蓄的银行卡中，这个账户保障家庭的短期开销。日常生活、买衣服、美容、旅游等都应该从这个账户支出。这个账户你肯定有，但是我们最容易出现的问题就是占比过高。很多时候也正是因为这个账户花销过多，而导致没有钱放在其他账户。只有合理的配置，要花的钱占比才会下降。
第二个账户是杠杆账户，也就是保命的钱	一般占家庭资产的20%，为的是以小博大，专门解决突发的大额开支。这个账户保障突发的大额开销，一定要专款专用，保障在家庭成员出现意外事故、重大疾病时，有足够的钱来保命。这个账户主要是意外伤害和重疾保险，因为只有保险才能以小博大，100元换10万，平时不占用太多钱，用时又有大笔的钱。这个账户平时看不到什么作用，但是到了关键时刻，只有它才能保障你不会为了急用钱卖车卖房、股票低价套现、到处借钱。如果没有这个账户，你的家庭资产就随时面临风险，所以叫保命的钱。
第三个账户是投资收益账户，也就是生钱的钱	一般占家庭资产的30%，为家庭创造收益，用有风险的投资创造高回报。这个账户为家庭创造高收益，往往是通过你的智慧，用你最擅长的方式为家庭赚钱，包括你投资的股票、基金、房产、企业等。这个账户你也肯定有的，相信以你的智慧收益也很高。这个账户的关键在于合理的占比，也就是要赚得起也要亏得起，无论盈亏对家庭不能有致命打击，这样你才能从容地抉择。这个账户最大的问题就是偏向性，很多家庭买股票第一年占比30%，结果赚了很多，第二年就用90%的钱去买股票了。

（续表）

第四个账户是长期收益账户，也就是保本升值的钱	一般占家庭资产的40%，为保障家庭成员的养老金、子女教育金、留给子女的钱等，是一定要用，并需要提前准备的钱。这个账户为保本升值的钱，一定要保证本金不能有任何损失，还要抵御通货膨胀的侵蚀，所以收益不一定高，但是要长期稳定。这个账户最重要的是专属：第一、不能随意取出使用，养老金说是要存，但是经常被买车、装修等用掉了；第二、每年或每月有固定的钱进入这个账户，才能积少成多，不然就随手花掉了；第三、要受法律保护，要和企业资产相隔离，不用于抵债，我们听说很多人是年轻时很风光，老了穷困潦倒，其原因就是因为没有这个账户。

保险营销员在给客户做需求分析时、给老客户保单整理和查找缺口时、给新客户做需求分析时，都可以运用表5-13。比如，"你看，你第×个账户还没有"，再次锁定客户需求（养老、子女教育、资产传承）。

除了上面介绍的几个工具外，保险主管还可以从其他书中学一些帮助新人快速提升营销技巧的工具和画图，来辅导和传承给下属。万丈高楼平地起，一个对保险一无所知的社会人要成长为一名优秀的保险经理人，需要来自新人自身的努力、主管的耐心辅导、公司的系统培训，三者缺一不可。

学习心得

▼

你增募的合伙人留用半年以上的有多大比例？流失的原因是什么？准备如何制定今后的培训计划？

附录一：
营业组早会操作范例

营业组早会操作范例

步骤	内容	提示
步骤一： 昨日工作回顾	主管：各位亲爱的伙伴，大家早上好！ 首先我们进行昨日工作回顾，请大家把工作日志打开，请各位伙伴按照工作日志填写的记录，给大家分享一下昨天的拜访情况。 主管：×××，请你先谈一下好吗？ （组员依次进行昨日工作回顾）	主管准备好工作日志、活动量检查表，起立，宣布营业组早会开始； 主管在日活动量检查表上作记录； 主管要照顾到每一位组员。
步骤二： 成功经验分享	主管：刚才我们在昨日工作回顾中听到，×××成功签到了一份新契约。接下来我们用热烈的掌声有请×××来分享一下他的成功经验。 主管：请问你的这位客户是通过什么方法获得的？ 主管：请问你销售的是什么险种组合？ 主管：在本次销售过程中，你运用了哪些话术，有什么效果？ 主管：大家还有什么问题需要向×××了解的？ 主管：在昨天拜访中，×××一天就获得了五个准客户的名单，现在大家一起欢迎×××来和我们分享一下他开发准主顾的经验。 主管：请问，你的准主顾是通过什么方法获得的？ 主管：你认为在获取陌生客户资料（或者转介绍名单）时，最有效的是什么方法？ 主管：谢谢×××等同事为我们所做的无私分享，同时让我们也祝福他们以及我们小组的每位同事取得更好的成绩！ 主管：昨天在展业过程中，大家遇到哪些问题？大家现在可以提出来，我们一起讨论解决。 （业务员提出问题）	事先如进行沟通，效果更能保证； 积极发动大家参与； 成功分享的范围不限于业绩分享，但主管要掌控时间； 如果业务员暂时提不出问题，主管要积极引导。

（续表）

步骤	内容	提示
步骤三： 拜访问题研讨与解答	主管：这个问题问得很好，其他同事有没有遇到过这类问题？ 主管：看来这个问题有一定的代表性。我们每解决一个遇到的问题，就意味着我们又向前迈进了一步。让我们群策群力来解决这个问题，好不好！×××你当时遇到过这类问题，你是怎么处理的？ 主管：×××的这个处理办法很有启发性，还有谁来补充一下？ （各组员提出解决建议） 主管：大家对×××在展业中遇到的这个问题都提出了自己的解决建议，我也谈一谈我个人的建议。 主管：×××，听完大家的建议，你觉得再面临这样的问题时，是否更有办法、更有信心？ 主管：好，下面我们继续讨论在展业中遇到的其他问题。 主管：今天我们共讨论处理了××等几个展业中的实际问题，感谢×××等同事把展业中的问题与大家分享，更要感谢×××等几位同事踊跃提出的建议！我们在展业中遇到问题是很正常的，希望大家每天回来参加早会时都一起讨论。如果有些问题我们暂时无法现场解决，我们可以反馈给部门或公司领导帮助解决。相信随着我们不断解决问题，我们的工作会更加顺利愉快！ 主管：下面我们听一下各位同仁今天的工作计划。×××这一次你先谈一下吧！ 业务员：今天我准备拜访这样三位客户。其中一位是初次面谈，一位我准备向他递送建议书，作成交面谈，还有一位是售后服务。今天我还要做两个电话约访。 ……	主管注意时间、气氛的控制，如果问题暂时不能解决，可以记录后进入下一个问题； 关注一下提出问题的业务员的感受； 可参照工作日志来设定工作计划。
步骤四： 通报今日计划	主管：我们组的每位伙伴都制定了今天的工作计划。有一个明确的拜访计划是成功的开始，但计划的达成更加重要。寿险前辈的经验告诉我们，要在寿险业成就一番事业，没有太多的诀窍，必须要100%兑现工作计划。最后，祝愿大家今天展业顺利。	期许表彰，唤起展业行动，主管根据组早会和活动检查表的分析，安排早训、个案辅导或夕会。
步骤五： 预约早训、个案辅导或夕会通知	"请两位新人明天早上8：00准时回来，我们一起演练一下电话约访和公司简介。" "小李，请你在部门早会结束后留一下，我想和你讨论几个问题。"	

附录二：
营业组活动量记录表

营业组活动量记录表　　　　　　　主任：

姓名	日期 拜访性质	V	P	C	S	V	P	C	S	V	P	C	S	V	P	C	S	V	P	C	S
	计划																				
	达成																				
	计划																				
	达成																				
	计划																				
	达成																				
	计划																				
	达成																				
	计划																				
	达成																				
	计划																				
	达成																				
合计	计划																				
	达成																				

- V：拜访量
- P：递送建议书的数量
- C：促成签单的数量
- S：售后服务的数量

使用该表格能清楚地判断出小组整体及个人在专业化营销的哪些环节存在问题，从而帮助主管利用二次早会等时机对业务员进行及时、有针对性地辅导。

附录三：
营业组二次早会检查记录表

营业组二次早会检查记录表

组名	星期一				星期二				星期三				星期四				星期五			
	组织出色	正常召开	效果不佳	未召开	组织出色	正常召开	效果不佳	未召开	组织出色	正常召开	效果不佳	未召开	组织出色	正常召开	效果不佳	未召开	组织出色	正常召开	效果不佳	未召开

附录四：
部门晨夕会经营管理表

_____部门大晨会经营管理表

年 月（第 周）

本月经营主题：
本月重点产品：
本月重点方案：

日期	人员分工	晨会内容	节点追踪	晨会备品
星期一	主持人： 主讲人： 分享人： 晨操小组：			
星期二	主持人： 主讲人： 分享人： 晨操小组：			
星期三	主持人： 主讲人： 分享人： 晨操小组：			
星期四	主持人： 主讲人： 分享人： 晨操小组：			
星期五	主持人： 主讲人： 分享人： 晨操小组：			

（续表）

部门活动：
本周晨会总结 优点： 1. 2. 3. 缺点： 1. 2. 3. 待完善部分： 1. 2. 3.

_____部门二次早会经营管理表

年　月　（第　周）

本周经营重点：			
产品、话术通关重点：			
日期	主讲人	主讲内容	学习情况（通关情况）
星期一		××产品计划书设计	
星期二		××产品案例讲解	
星期三		××产品营销理念	
星期四		××产品需求分析话术	
星期五		××产品案例讲解	
本周二次早会经营情况总结：			

_____部门夕会经营管理表

年 月（第 周）

夕会负责人		夕会执行人	
日期	参会人员	停车场（p）	已解决问题
星期一			
星期二			
星期三			
星期四			
星期五			
本周共性问题： 1. 2. 3. 需要大晨会解决的问题： 1. 2. 3. 市场反馈： 1. 2. 3.			